先輩に学ぶ

0歳児 乳児保育の困りごと 解決BOOK

歳児クラス編　監修：横山洋子　著：波多野名奈

中央法規

監修のことば

　これまで、0歳児と身近な物を使って遊ぶ方法を考えたり、0・1・2歳児の発達をうながす手づくりおもちゃを開発したりしながら、乳児保育の楽しさ、おもしろさを感じました。そして、天使のような子どもたちに囲まれて、担任は幸せだろうなあと、うらやましさを覚えていました。

　ところが、初めて0・1・2歳児を担当する若い保育者のお悩みが多いことにびっくり！　どんな仕事でも、はじめからうまくいくことはありません。失敗しながら学び、経験を積んで技術を身に付け、保育名人になっていくのでしょう。

　本書は、お互いの困りごとを共有しながら、先輩からのアドバイスから学ぶスタイルで作られています。波多野さんも現場経験のある保育者ですから、それらのアドバイスをまとめながら、先輩として大切なことを教えてくださいます。

　本書を読むことで、困った局面を先輩たちがどのように乗り越えてきたかがわかり、その方法も1つではないことが伝わるでしょう。つまり、本の中で親身になってくれる100人以上の先輩方と出会えるわけです。

　みなさんが本書から、困りごとを解決するヒントを見つけ、子どもとの暮らしがより楽しくなることを、心から願っております。

横山洋子

はじめに

　初めて０歳児クラスを担当することが決まった瞬間、うれしさと期待で胸がいっぱいになり、ちょっと遅れて、「私にできるかな」と、緊張と不安が襲ってくるという経験が、きっと皆さんにはあるでしょう。産まれたばかりの赤ちゃんを抱っこしたこともないし、何を楽しんでもらえるのかもわからないという人もいれば、我が子の子育ての経験はあるけれど、自分のやり方で正しいのか自信がないという人もいるかもしれません。

　本書は、そんな皆さんの不安や心配に全力で応えようという思いで作りました。乳児クラスを担当して１、２年の保育士さんにお集りいただき、不安や心配事を自由に語ってもらいました。また、アンケートでもたくさんお悩みを寄せていただきました。それに対して乳児保育の経験を積んだ先輩方からアドバイスを頂戴し、さらに問題解決のヒントになるポイントをまとめました。きっと、日々の保育の中で感じている「もやもや」を解消する手助けになるはずです。

本書に込めた思いは、もう一つあります。それは、「悩んだり不安に思ったりしているのは、あなただけではない」ということです。「そうそう、あるある！」「その気持ち、わかるなあ」と同じ思いを共有することで、全国の保育者が励まし合い、勇気づけられるような本を目指しました。保育に正解はありません。先輩のアドバイスを読んでも、自園の環境や保育理念の違いによって、取り入れられないこともあるでしょう。それでも、同じように皆悩みながら努力しているのだと感じることで、「私ももう少しやってみよう！」と力が出るのです。

　座談会、アンケートに協力してくださった皆様には、この場を借りて深く感謝申し上げます。皆様の率直で勇気ある発言なくして、この本は生まれませんでした。現場で日々、悩みながらも試行錯誤を続け、前向きに保育の喜びを語ってくださった皆様の顔が、執筆の励みになりました。

　現在0歳児クラスを担当している方、そして、これから担当される方たちの手元で、本書がお役に立つことを心から願っております。

波多野名奈

目　次

監修のことば …………………………………… 1
はじめに ………………………………………… 2
本書の構成 ……………………………………… 8

序章　0歳児の発達と保育者の援助

0歳〜1歳の発達のめやす ……………………… 10
0歳児クラスにおける保育者の援助 …………… 12

第1章　登園・降園

母親から離れられません ………………………… 16
体調が悪いのに登園してきます ………………… 18
お迎えの時間はいつもドタバタ ………………… 20
解説 慣らし保育のポイント ………………… 22
　　　 登園時の「泣きのタイプ」別対応法 …… 23
　　　 降園がスムーズになる環境の工夫 ……… 24

第2章　生活のケア

排泄

おむつ替え、ハイハイで脱走！ ………………… 26
私のおむつ替え、これでいいのかな…？ ……… 28
パンツタイプのおむつにしたいのに… ………… 30
解説 排泄における発達と援助 ……………… 32
　　　 おむつ交換の環境 ……………………… 34
　　　 おむつ替えの手順 ……………………… 35

食事

- ミルクを飲んでくれません …………………………………… 36
- 離乳食がすすみません ………………………………………… 38
- 食事中に立ち歩きます ………………………………………… 40
- 一人ひとりに合わせた食事の援助が大変! ………………… 42
- **解説** 食事における発達と援助 ……………………………… 44
  - 授乳の仕方 ……………………………………………… 46
  - 離乳食の与え方 ………………………………………… 47

睡眠

- ベッドに寝かせようとすると泣きます ……………………… 48
- 「入園してから夜泣きが始まった」と言われました ……… 50
- **解説** 睡眠における発達と援助 ……………………………… 52
  - SIDSに注意! …………………………………………… 54
  - 生活リズムをつくるコツ ……………………………… 55

着脱

- 生後数か月の子の着替え、力加減がわかりません ………… 56
- 暴れて着替えができません …………………………………… 58
- 衣服の着脱、どうやって教えたらいいですか ……………… 60
- **解説** 着脱における発達と援助 ……………………………… 62
  - 着脱につながる遊び …………………………………… 64
  - 着脱の自立に向けて …………………………………… 65

清潔

- 首がすわらない子の沐浴が不安です ………………………… 66
- 顔や鼻水をふかれるのをいやがります ……………………… 68
- **解説** 清潔における発達と援助 ……………………………… 70
  - 沐浴の手順 ……………………………………………… 72
  - 0歳から始める清潔の習慣 …………………………… 74

第3章 コミュニケーション

- 生後数か月の子にどうかかわればいいですか …… 76
- なぜ泣いているのかわかりません …… 78
- なつかない子がいます …… 80
- 「アーアー」「ブー」といった言葉にどう反応する？ …… 82
- **解説** コミュニケーションにおける発達と援助 …… 84
- 　　　情緒を安定させる保育 …… 86

第4章 遊び

- 生後数か月の子とうまく遊べません …… 88
- 発達の差が大きくて一緒に楽しめません …… 90
- 絵本に興味をもちません …… 92
- 0歳児の遊び環境が整っていません …… 94
- 1日がなんとなく終わってしまいます …… 96
- 手遊びやわらべ歌がいつも同じです …… 98
- 0歳児クラスの散歩はどうすればいい？ …… 100
- **解説** 運動機能における発達と遊び …… 102
- 　　　手指における発達と遊び …… 104
- 　　　0歳児クラスの読み聞かせ …… 106

第5章 季節と行事

- 4月の信頼関係、どう築く？ …… 108
- 毎日雨ばかりで、みんな不機嫌です …… 110
- 水遊び、どうしたら楽しめる？ …… 112
- 0歳児でも運動会や発表会は必要？ …… 114
- 行事の準備や進行が憂うつです …… 116
- 「今日は寒い！」と思ったのに、子どもは汗をかきました …… 118
- **解説** 季節ごとの保育のポイント …… 120

第6章 保護者との連携

プライベートなことを聞かれます …………………………………… **122**
対応が難しい要望へどう返事すればいい？ ……………………… **124**
保育者が連絡帳を書いてくれません ……………………………… **126**
挨拶を返さない保護者がいます …………………………………… **128**
解説 保護者対応の基本 …………………………………………… **130**

第7章 職場で

連絡帳に書くことがありません …………………………………… **132**
担当以外の子の様子がわかりません ……………………………… **134**
保育者間の情報共有が難しい…… ………………………………… **136**
先輩保育者にお願いしにくいです ………………………………… **138**
何かと緊張します …………………………………………………… **140**
解説 連絡帳の書き方 ……………………………………………… **142**
　　　日誌・個人記録の書き方 …………………………………… **143**
　　　チーム保育のポイント ……………………………………… **144**

第8章 健康・安全

かみつきの対応は？ ………………………………………………… **146**
子どもの体調が悪いことに気づけません ………………………… **148**
おもちゃの安全面と衛生面が気になります ……………………… **150**
まだ歩けない子の避難が心配です ………………………………… **152**
解説 朝の健康観察、チェックポイント ………………………… **154**
　　　おもちゃの消毒方法 ………………………………………… **155**
　　　0歳児クラスの災害対策 …………………………………… **156**
　　　0歳児クラスの災害、そのとき …………………………… **157**

０歳児クラスを担当してよかった！ ……………………………… **158**

本書の構成

はじめて0歳児クラスの担任になった保育者が困ったり、悩んだりする「保育現場の困りごと」をとりあげ、経験豊富な先輩保育者たちの実体験をもとにしたアドバイスを掲載しました。各章末や節ごとにある解説ページでは保育の基本として押さえておきたい内容を掲載しています。

先輩からのアドバイス
困りごとの解決につながるような先輩保育者たちの実体験、実践例を紹介しています。

NGな対応
保育現場でしてはいけない注意点を掲載しています。

Point
困りごとが起きる理由や適切な援助方法についてわかりやすく解説しています。

ある!! ある!!
ほかの保育者たちと悩みごとを共有できます。

月齢別の発達と援助
月齢ごとの発達の様子と援助方法がわかります。

ここをチェック!
これだけは実践したい項目をピックアップしています。

家庭との連携
家庭との連携のポイントを紹介しています。

序章
0歳児の発達と保育者の援助

0歳〜1歳の発達のめやす

2か月 → **6か月** →

身体
- 首がすわり、両手で胸や頭を持ちあげる
- 動くものに手を伸ばしてつかもうとする
- 寝返りができる
- 支えてあげると座れる
- うつ伏せで方向転換をするようになる
- ずりばいから、ハイハイへと移行する
- 興味を持ったものを口に入れて遊ぶ
- つかまり立ちが始まる
- 伝い歩きをする

コミュニケーション
- 生理的不快が原因で泣くことが多い
- 大人の顔をじっと見て微笑む
- 人やものに手を伸ばす
- 「ばーばー」「まんまあ」など喃語（なんご）が出る
- 人見知りが始まる
- 「いないいないばあ」で喜ぶ
- 泣く理由がさまざまになる
- 甘えて泣くようになる
- 共同注意が始まる
- やりとり遊びを楽しむ

生活
- 2〜3時間ごとに授乳する
- 日中3〜4回の睡眠をとる
- 授乳の度に排泄（はいせつ）する
- 5か月を過ぎ、食事に興味を示し始めたら離乳食を開始する
- 午前睡1回、午後睡1回の睡眠リズムが確立する
- 離乳食はスープ状のものからペースト状のものに移行する
- 便が固形になり始め、排泄リズムも一定になる
- 夜泣きが始まる
- つかまり立ちになると、おむつ交換のときに足をあげるようになる
- 手づかみで自分で食べるようになる

1歳 →

- 腕を上に上げてバランスをとりながら、一人歩きをする
- くぐる、またぐ、段を上る、下りるなどができるようになる
- めくる、ひっぱる、つまむ、積む、並べる遊びを好む

- ブーブー、マンマなどの一語文で話す
- 好奇心が強くなり、探索活動が活発になる
- 「いや」と言い始める

- 自分で食べたがり、手伝おうとするといやがる
- 離乳食が完了し、幼児食へ移行する
- 午後睡1回になるが、午前睡を必要とする子もいる
- おまるやトイレに興味を示す
- コップを両手で持ち、ひとりで飲むようになる

1歳6か月 →

- 障害物をよけながら歩く
- 手指の力がついて、描画や粘土、スナップやボタンのおもちゃを楽しむ
- 手をつないで歩く

- 名前を呼ばれると返事をする
- 他児に関心をもつ
- かみつき・ひっかきが出る

- スプーンを使うが、難しいときは手づかみで食べる
- 自分でズボンやパンツを脱ごうとする
- さまざまなサインで、排泄を知らせる
- ほぼ午後睡1回で日中を過ごすようになる

※それぞれの発達には個人差があります。

0歳児クラスにおける保育者の援助

🌱 すべての基本は愛着関係

　0歳児クラスでは、泣いている子どもを保護者から抱き受けることからすべてが始まります。子どもを抱きしめ、声をかけ、目を見交わし、笑顔を向ける。そのくり返しと積み重ねが、子どもに安心と信頼を与えます。泣かれるのがつらくて、早く慣れてほしいと、焦る気持ちは誰にでもありますが、こればかりは近道も裏技もありません。不安や恐怖で泣きたい子どもの気持ちを、私たち大人がどれだけ正面から受け止められるかが問われるのです。

　愛着関係とは、子どもに信頼されることではじめて生まれるものです。この人はどんな自分でも逃げずに受け止めてくれる、どんな時も頼ることができると子どもに感じてもらわなければなりません。いつでも変わらず子どもたちに愛情あるまなざしを向ける準備が自分にできているか、今いちどじっくり振り返ってみましょう。

🌱「受けとめて、応える」を、貫く

　乳児保育の基本は、受容と応答。保育者であれば誰もが知っている基本中の基本ですが、これがどれほど難しいことか、経験のある方なら痛感していることでしょう。常に複数の子どもを相手にし、保育以外の仕事も山積みの中で、子ども一人ひとりの想いを丁寧に受けとめて応えていくのは、本当に困難なことです。

　しかし、困難を前にして自分がどのような姿勢で保育に臨むのかは、各自の決意次第です。「できないから仕方ない」のか、「できるように全力を尽くす」のか…。人間性が問われるところでもあるでしょう。保育のプロとは、子どもをあやす技や遊びのネタを持っている人ではありません。受容と共感という基本に忠実に、子どもの心に寄り添うことを貫く人なのです。

🌱 安心できる「枠組み」づくり

　私たち人間は、どんなときに「安心」するのでしょうか。「こうなるだろう」と予測がつくときや、「これまでこうだったから、これからも同じだろう」と信頼できるときでしょう。子どもも同じです。どれだけ小さくても物事の予測をする力をもっていますから、予測がつけやすい、わかりやすい保育環境をつくることが大切です。1日の流れを毎日同じにする、睡眠や食事の場所を固定する、お世話をする保育者を決めておくなどが、枠組みとしては有効です。おむつ替えや着替え、沐浴の手順や声かけなども統一して決めておくことで、今何が起きているのか子どもにわかりやすく、安心感を生むでしょう。

🌱 発達のサインを見逃さない

　毎日のように成長を見せる0歳児クラスの子どもたち。できることがどんどん増えて、誇らしさと喜びにあふれている時期に一緒にいられる幸福を担当保育者はかみしめられます。「寝返りができるようになった」「歩けるようになった」などの大きな節目だけではなく、小さな発達のサインを見つけられると、さらに楽しさや喜びが増しますし、援助の方法もわかりやすくなります。寝返りの前には足指で床を押す動きが、意味ある発語の前にはたくさんの指差しが見られるはずです。今のこの姿がどのような発達の準備段階なのかを常に考えながら観察することで、援助に迷ったり、遊びの提案で戸惑ったりすることも少なくなるでしょう。

🌱 「安心」から「挑戦」へ

　ほぼ1年をひとつのクラスで過ごす他年齢に比べて、0歳児クラスはそこに属する期間が子どもによってまちまちです。4月入園で1年間過ごす子もいれば、12月入園で約3か月しかいない子、2月に入園したけれど4月から0歳児クラスをもう1年間という子もいるでしょう。どの時期に入園しても、最初に目指すのは「安心」であることに変わりはありませんが、「安心」の段階を越えたら次は、さまざまなことにチャレンジする保育を目標にしてみてください。しかし「挑戦」するためには、安全基地がしっかりしていることが不可欠です。「安心」と「挑戦」は表裏一体であることを意識しながら、子どもたちが積極的に新しい未知の世界へ飛び出して行けるよう、たくましい0歳児保育を目指していきましょう。

第 1 章

登園・降園

母親から離れられません

ご機嫌で登園してくるAちゃん。でも、いざお部屋に入ろうとすると、泣いて母親にしがみつき、離れようとしません。大泣きするAちゃんの姿に、母親も心配で離れがたい様子。「いってらっしゃい」をするまでに、とっても時間がかかってしまいます。

🐻 園の建物を見て、泣き出してしまいます

毎日園に入る手前で大泣きしてしまう子がいました。お部屋に入ってしまえば、けろっとして泣き止みます。

🐻 母親が外からのぞいています

預けた後、気になるようで、お部屋の外からしばらくそっとのぞいています。お気持ちはわかるのですが、こちらも気になって、やりにくいです。

🐻 ほぼ全員が泣いていました

4月の朝、登園してくる子どもほぼ全員が泣いていることがありました。どうしていいかわからず、途方にくれました。

先輩からのアドバイス

☑ お気に入りを持参

家庭からその子の心のよりどころを持ってきてもらいます。ぬいぐるみやタオルなど柔らかいものが多いですが、ときには車やロボットのおもちゃなどのこともあります。これらは、不安や緊張を和らげる「移行対象」として保護者と離れる不安を慰めてくれます。

☑ 泣いていいよ

「自分の気持ちをわかってくれた」と感じると子どもの心も落ち着いていくので、抱っこしながら、「お母さんと離れてさみしいね」「悲しかったね」と子どもの気持ちを代弁し、根気強くつき合います。気が済むまで泣いたら、けろっとして遊びはじめる子もいます。

☑ 勝負おもちゃで！

抱っこでひとしきり泣いた後、タイミングを見計らって興味をもちそうなおもちゃに注意を向けます。無理に気をそらすとまた泣いてしまうので、十分に子どもの心を受け止めた後に試みましょう。

「泣かない、泣かない」はNG ✕

「泣かなくて、えらいね」「よく我慢できたね」などの言葉も、子どもの気持ちを否定しています。泣きたい気持ちを丸ごと受け止めてサポートしましょう。

Point　泣きたい気持ちを否定しない

　元気いっぱいに登園してきたのに、保育室に入る直前で「お母さんとお別れしなくちゃならない」ことに気づいてしまいます。しかし、家庭から離れて初めて集団生活を経験する子どもにとって、泣きたい気持ちになるのは当然のことです。
　子どもは自分の気持ちが十分に受け止められることで、保育者や園に対して安心感をもつことができます。保育者は十分に気持ちを受け止めたうえで、魅力的な遊びで誘ったり、他の子どもとつなぐような言葉をかけましょう。「何か楽しいことがありそう」という期待を抱いてもらえれば大成功です。

体調が悪いのに登園してきます

顔が赤く、目もとろんとしているKちゃん。見るからに熱がありそうなのに、「どうしても仕事を休めないから」と、父親が連れてきました。「できるだけ早く迎えに来ます！」と言いながら、バタバタと出ていってしまいました…。

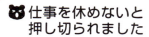

🐻 仕事を休めないと押し切られました

「クビになったらどうしてくれるの！」と言い返され、どうしていいかわかりません。

🐻 説明を聞こうともしてくれません

37.5℃以上の熱があるときはお預かりできません、と説明しても、「熱はちょっとあるけど元気だから！」と言って、ゆずりません。

🐻 生活を支えていることもわかる

シングルマザーのBちゃんの母親。仕事を休んだら収入が減って生活ができないと泣かれました。

先輩からのアドバイス

☑ 入園時にきちんと説明

体調の悪い子どもにとって集団生活がどんなに負担になるか、最初にしっかり説明し、理解してもらいます。一般論だけでなく、現実にあった事例も一緒に伝えることで、保護者の意識も変わっていきます。

☑ その場で検温

様子がおかしいなと思ったら、「お熱がないか、ピピピしてみようか？」と言いながら、さっと体温計を取り出し、素早く検温します。体温計は常に、エプロンのポケットに入れておきましょう。

☑ 頻繁に電話で報告

37℃を超えたら職場に電話。すぐに迎えに来てとは言いませんが、子どもの様子を逐一報告します。「お仕事の邪魔をしては悪い」と思うかもしれませんが、自分の子どものことはどの保護者も心配しているので、ありがたがられます。

「あいまいな態度」はNG ❌

子どもの健康、生命にかかわることには毅然とした態度をとりましょう。他の子どもに感染するなど、影響が及ぶこともあります。

Point 「子どものために」を貫く

　子どものことを第一に考えない保護者はいませんが、どうしても休めない仕事があるということも事実です。それでも、健康と命にかかわることは、どんなに保護者が困っていても、譲れません。

　大した症状が出ていなくても、急に容態が悪化する可能性があること、子どもは短時間で急激に高熱が出ることが多いことを、しっかりと保護者に伝えましょう。また、この月齢に多い病気や症状、病児・病後児保育施設についての情報を、入園時や保護者会であらかじめ伝えておきましょう。

お迎えの時間は いつもドタバタ

お迎えに来た他の子の保護者を見つけると、泣き出してしまいます。一人が泣き出すと、次から次へと泣くので大変です。丁寧に対応したいと思っても、人手が足りずいつもドタバタしてしまいます。

ある!! ある!!

🐻 お迎えのころ、ぐずり出します

夕方、お帰りの時間になるとぐずりだす子が何人かいます。そこに保護者が迎えに来ると、「ずっと泣いてたのかしら」と思われそうで不安です。

🐻 保護者が来ても、帰ろうとしない子がいます

遊んでいたいのか、保護者が来ても帰ろうとしない子がいます。保護者が抱いて帰ろうとすると、のけぞって泣くので、どう声をかけていいか困ってしまいます。

🐻 保護者と落ち着いて話せません

なぜか夕方は騒がしくて、保護者がお迎えに来てもお互いの声が聞こえないほどです。今日の様子をゆっくり伝えたいのに…。

先輩からのアドバイス

☑ 保護者の姿が子どもから見えないように

他の子の保護者の姿が見えると、せっかく遊びに集中していた子どもの気がそれて落ち着かなくなります。保護者がお迎えに来たら、さりげなく子どもから保護者が見えないように視線をさえぎります。

☑ ゆっくり動く

大人の動きが慌ただしくなると、子どもも落ち着きを失うので、意識的にゆっくり動くようにしています。物を取りに行ったり荷物を準備したりする際も、最小限の動きで済ませます。

☑ 音のするおもちゃは出さない

夕方は子どもも疲れて、動きが粗くなるので、静かに落ち着いて取り組めるものを用意します。落ちると硬質な音のするおもちゃや音の鳴るものは片づけます。

「慌ててしまう」のはNG ✗

保育者が夕方の慌ただしさに巻き込まれると、子どもも不安になります。夕方の不安定な時間だからこそ、ゆったりと構えましょう。

Point　遊びとお迎えを、切り離す

夕方、気持ちが不安定になるのは子どもにとって自然なこと。「たそがれ泣き」と名称がついているほどです。他の子のお迎えを目にしたら、ますます泣きたくなります。

まずは、お迎えと子どもの遊びが切り離されるような環境の工夫を。保護者が保育室の中に入らなくてもよいように、ロッカーは出入口近くに置くか、あらかじめ荷物をまとめて保育室の外に準備しておきます。そして保育者はゆっくり動くように意識して、慌ただしいひとときにゆとりを生み出しましょう。

慣らし保育のポイント

1 入園前に

入園前の面談で、慣らし保育の目的を保護者に説明します。

2 慣らし保育

本格的な入園前に、1週間ほどかけて進めます。

3 入園時

そばにあると安心できるぬいぐるみやタオルなど、家庭で使っているものを持ち込んでもらいます。

慣らし保育（プレ保育、体験保育）の目的は、子どもと保護者が安心して保育所生活に入れるようサポートすること。このスケジュールは理想形ですが、4月入園の場合、この通りには進まないこともあります。園の態勢や保護者の就労状況に応じて、柔軟に対応しましょう。

慣らし保育の1週間

1日目
保護者と子どもが一緒に2時間、園で過ごす。

2日目
保護者と一緒に半日、園で過ごす。
食事や授乳は保護者に担当してもらう。
入園後に担当する保育者が必ずそばにつき、授乳のスタイルや食事の与え方や食べ方をメモ。

3日目
保護者と1時間ほど一緒に過ごした後、保護者だけ退出。1、2時間で、迎えに来てもらう。

4日目
保護者と登園、保育者が受け入れ、保護者は帰宅する。半日で、迎えに来てもらう。

5日目
半日保育、あるいは全日保育

登園時の「泣きのタイプ」別対応法

❶ 別れるときに大泣き

子どもへ
「ママとバイバイ、いやだね」「悲しいね」「泣きたいね」と子どもの気持ちに共感、代弁します。

保護者へ
「大好きって伝えたくて涙が出ちゃうんです」など子どもの気持ちを代弁し、「いってらっしゃい」と明るく見送ります。

❷ 泣かないが不安が続く

子どもへ
「悲しいときは泣いてもいいんだよ」と伝え、「お仕事が終わったらお迎えに来るから大丈夫」と安心させます。

保護者へ
泣かないから平気と安心している保護者には、泣かなくても不安を抱いていることを丁寧に伝えます。

❸ バイバイできない

子どもへ
「ママに、ぎゅーってしてもらおう」と声をかけ、気持ちを区切るサポートを。

保護者へ
思い切り抱きしめてもらい、その後は「いってきます！」とはっきり子どもに別れを告げるよう、伝えます。

降園がスムーズになる環境の工夫

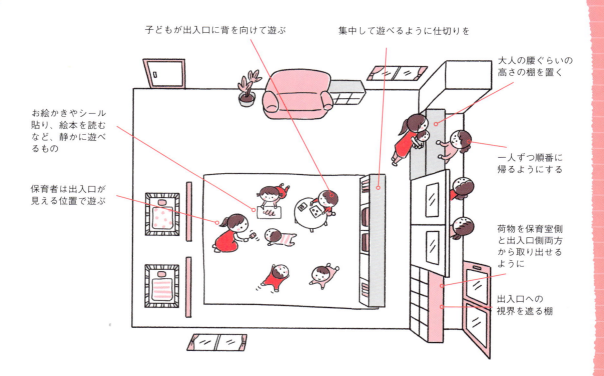

- 子どもが出入口に背を向けて遊ぶ
- 集中して遊べるように仕切りを
- 大人の腰ぐらいの高さの棚を置く
- お絵かきやシール貼り、絵本を読むなど、静かに遊べるもの
- 一人ずつ順番に帰るようにする
- 保育者は出入口が見える位置で遊ぶ
- 荷物を保育室側と出入口側両方から取り出せるように
- 出入口への視界を遮る棚

　スムーズな降園のために、「お迎えの場面」と「遊びの場面」を区切ります。出入口への視線を遮る大人の腰丈くらいの棚を置きましょう。

　帰る子どもを保育者がそっと連れ出すと、残された子どもの気持ちは乱れません。

✅ここをチェック！

- 子どもから、出入口が見えない工夫をする
- 集中して遊べる環境をつくる
- 一度に何人も保護者が来ても、一人ずつ順番に対応する
- 一人が保護者に対応するときは、他の保育者が子どもを見守るなど役割分担をする

第 2 章

生活のケア

`排泄`

おむつ替え、ハイハイで脱走！

おむつをはずしたら、にっこり笑って逃げられました。つかまえておむつをつけようとしたら、素早くくるんと回って、再び脱走。汗だくになって追いかけます。

🐻 暴れて抵抗します
おむつを替えようと寝かせただけで、暴れたり、寝返ったりして、おむつを替えさせてくれません。

🐻 泣いていやがります
おむつ替えの台に移動しただけで、泣いていやがります。替えたほうが気持ちいいはずなのになぜでしょう。

🐻 寝返りや激しい動きに対応できません
うんちのときにかぎって寝返ったり、新しいおむつを蹴ったりします。きれいにおしりをふけません。

先輩からのアドバイス

☑ 必ず声をかける

「Sちゃん、おむつを替えに行きましょうか？」と必ずたずねます。答えは返ってきませんが、子どもは何らかの見通しをつけます。見通しがつくと、8か月ごろには、声をかければ自分からおむつ替えスペースにハイハイで移動するようになります。

☑ おむつを手に持たせる

よちよち歩けるようになったら、新しいおむつを持っていくのは子どもの仕事。ただ受け身で替えてもらうより、主体的に動くようになります。

☑ ベビーマッサージの時間に

おむつ替えのときに簡単なマッサージをしています。気持ちいいみたいで、リラックスするようです。

「おさえつける」はNG ✗

子どもが暴れるからといっておさえつけるのはNGです。子どもが自ら進んでおむつ替えに取り組むような援助ができてこそ保育のプロ。おむつ替えを楽しい時間にしましょう。

Point　おむつ替えを、気持ちのいい時間に

　動けるようになった喜びにあふれている子どもにとって、理由もわからずじっとしなければならない時間は苦痛です。たとえ0歳児でも、「何をするのか」「なぜ、それが必要なのか」は丁寧に伝えましょう。
　そのうえで、「すっきりしたね」「きれいになったね」と声をかけ、笑顔で目を合わせることで、おむつ替えは気持ちのいい時間になります。1対1でじっくりかかわる貴重な時間ととらえ、おむつ替えを楽しいコミュニケーションの時間にしていきましょう。

第2章　生活のケア　排泄

排泄

私のおむつ替え、これでいいのかな…？

勤務している園では、おむつ替えのタイミングが決まっています。便はさすがにその都度替えるのですが、尿は出ていても時間が来るまでそのままです。おむつをパンパンにして遊んでいる子どもを見ると、複雑な気持ちです。

ある!! ある!!

🐻 どうしても、ずれてしまいます

丁寧にやっているつもりなのに、少し時間が経つと必ずずれています。

🐻 おむつ替えに時間がかかります

私が不器用でもたもたしているせいか、子どもが動き出したり、ぐずりだしたりして、ますます時間がかかってしまうような気がします。先輩たちは、手早く、きれいです。コツがあるのでしょうか。

🐻 一日中、おむつ替えをしている気がします

一日中おむつ替えをしている気がします。もっとうまくできたらいいと思うのですが…。

先輩からのアドバイス

☑ 体型や動きの特徴に合わせる

ぽっちゃりした子、痩せている子、よく動く子など、その子の特徴に合わせてテープのとめ方やとめる位置を変えます。
様子を見ながら工夫すると、よい方法が見つかりますよ。他の保育者とも情報共有しています。

☑ あえて話題にする

「Tくんのおむつ、パンパンだね〜」とまわりに聞こえるようにつぶやき、「おむつ替え行ってきて」と先輩に言ってもらえるようにしました。

☑ 楽しい時間にする

一日中おむつ替えでうんざりですか？ 私はおむつ替えの時間が大好き。だって、子どもと1対1でかかわることができる貴重な時間だから。

「手早くても雑」はNG

手早くても仕上がりが雑では、後からやり直しが必要になり困ります。慣れれば誰でも手早くできるので、最初は時間がかかっても丁寧なお世話を心がけましょう。

Point　疑問をもつことは、成長の第一歩

　お世話の仕方は、それぞれの園や保育者によって、やり方も考え方も違います。頻繁に排泄する0歳児のおむつ替えは、その都度交換だと保護者の経済的負担も大きくなるため、時間で決めている園もあるかもしれません。
　大切なのは、「なぜこのようなやり方なのか」と、抱いた疑問を素直に先輩や園長にぶつけることです。もやもやした気持ちのまま、自信のないおむつ替えをしていては、自分も楽しくないし、子どもにも悪影響。批判ではなく、「教えてください」という気持ちで尋ねれば、きっと気持ちよく答えてもらえますよ。

排泄

パンツタイプの おむつにしたいのに…

ハイハイも上手になり動きも激しいので、テープタイプのおむつだととれることがあります。「そろそろ、パンツタイプのおむつの方がいいかもしれませんね」と、保護者にも伝えるのですが、なかなか対応してもらえません。

ある!! ある!!

🐻 移行の時期がわかりません

ハイハイが上手になったらなど、テープタイプからパンツタイプのおむつへ変える時期のめやすがわかりません。

🐻 子どもがいつまでも受け身のままです

テープタイプだとおむつ替えのとき、寝ているだけですが、パンツタイプにすると足を自分で入れるなど、主体的になるように思います。トイレトレーニングの意味でも、パンツタイプのおむつに替えたいのですが…。

🐻 保護者に強くお願いできません

「パンツタイプ、高いから…」と、経済的な理由を言われると、それ以上お願いしづらいです。

先輩からのアドバイス

☑ メリットを伝える

動きやすい、トイレトレーニングに移行しやすい、などというパンツタイプの利点を、保護者に丁寧に伝えます。パンツタイプの方が今の子どもに適していることがわかれば、保護者も検討します。

☑ 憧れのお兄さん、お姉さんパンツ

お兄さん、お姉さんたちがはく様子を見せるようにしています。
お兄さんパンツ、お姉さんパンツに憧れると、「自分も！」という気持ちになるようです。

☑ お試しで、園で使ってみる

園で購入したパンツタイプを使って、「こんなところがよかったですよ！」と保護者に報告。ただし、「そろそろNくんにパンツタイプのおむつを試してみたいのですが」と、必ず事前に許可を得ます。

「思い込み」はNG

特に問題がなければ、テープタイプのままでもいいのです。「パンツタイプにしなくちゃ」という思い込みは捨てて。子どものはいてみたい気持ちを待ちましょう。

Point 移行を急がない

ハイハイなどで活動量が増えたら、パンツタイプへの移行の目安。動きやすく、つかまり立ちになったら自分で足を入れるなどの主体性を育めます。また、トイレトレーニングに向けての準備ができます。

子どもが「お兄さんパンツ」「お姉さんパンツ」に憧れて自然に興味が増してくれば、保護者も前向きに検討してくれるでしょう。とはいえ、無理にこちらからすすめるほどのことでもありません。トレーニングパンツへの移行も目前ですから、パンツタイプおむつの期間はすぐに終わってしまいます。

排泄における発達と援助

発達	援助
6か月未満 ・1日に15〜20回の排尿をする ・ヨーグルト状の便を1日2〜10回する ・便が漏れて洋服を汚すことがある ・おむつが汚れると、不快を訴えて泣く ・頻繁に排泄（はいせつ）するため、おむつかぶれが起きやすい	・頻回でも汚れた度におむつの交換をし、清潔を保つ ・性器の間に便が入りこみやすいので、注意してふき取る ・泣いて知らせたら「おしっこ教えてくれたのね」と声をかけて交換する
6か月〜1歳 ・離乳食が始まると、便の形状が変化してくる ・便の回数が、1日に1〜2回と安定する ・おむつ交換のときに、腰をあげたり足を持ったりして協力するようになる	・便の様子を観察しながら、離乳食の進め具合を判断する ・おむつ交換のときにスキンシップをたっぷりとり、楽しいコミュニケーションの時間にする ・「おしりをあげてください」などと声をかけ、おむつ替えに主体的に取り組むようにうながす

発達	援助
・おまるやトイレに興味を示す ・歩行が安定すると、膀胱に意識が行きやすくなる ・排泄のリズムが定まる ・トイレで遊んでしまう ・トイレに行きたがらない	・興味を示したタイミングで、トイレに座ることを提案するが、無理強いはしない ・排尿の間隔、排便のリズムを観察し、記録にとる ・待ち時間が長くないか、気をそらす要因はないか確かめ、排泄に集中できる環境を整える ・照明、におい、清潔感などを見直して、明るく親しみやすいトイレをつくる

発達	援助
・個人差もあるが、日中2時間程度排泄の間隔があく子がいる ・服を脱ごうとしたときや、便座から立ち上がったときに出てしまう ・もぞもぞしたり、立ったり座ったり落ち着きがなくなるなど、一人ひとり排泄のサインが異なる	・午睡後などにトイレに誘い、「トイレでおしっこできた」という感覚を体験させる ・失敗をできるだけ意識させない言葉をかける ・排泄のサインを読み取り、タイミングよくトイレに誘う

第2章 生活のケア 排泄

おむつ交換の環境

子どものプライバシーを守るため、おむつ替えは、つい立てやカーテンで仕切って、他から見えないようにします。また、必要なものをすべてそろえてから、おむつ替えを始めます。子どもがおむつ替えに集中できるように、環境を整えましょう。

ここをチェック！

- まわりからの視線をさえぎる。
- 必要なものを、すべて手の届くところに用意しておく。
- 子どもの手の届くところに、余計なものを置かない。

おむつ替えの手順

❶ 必要なものを準備する

おむつの状態を見て、必要なものを準備します。

❷ 交換台へ移動する

「おむつを替えようね」と声をかけ、交換台へ移動します。

❸ おしりをふく

おむつの汚れが体につかないよう注意しながら、おしりふきで前から後ろに汚れをぬぐいます。こすらず、押し当てるようにします。

❹ おむつをはずす

目を合わせて声をかけながら、汚れたおむつを引き抜きすばやく丸めます。使ったおしりふきもおむつの中に入れて一緒に処理します。

❺ 新しいおむつにする

腰を支えておむつを敷き、苦しくないようにテープをとめます。

ここがポイント!!

おむつ替えはゆっくり丁寧に行います。子どもの足を持って引っぱると脱臼の原因になるので、腰に手をあてておしりを浮かせてあげましょう。すると、6か月も過ぎると自分からおしりをあげるようになります。

食事

ミルクを飲んでくれません

入園して間もないのですが、哺乳瓶（ほにゅうびん）でミルクを飲むのをいやがります。家庭では母乳だけで過ごしていたようです。初日は一滴も飲まずじまいでした。一口でも飲んでもらいたいのですが、どうしたらいいかわかりません。

🐻 粉ミルクの味がダメみたい

粉ミルクの味が苦手みたいです。哺乳瓶を近づけると、手で押しやって抵抗します。

🐻 哺乳瓶をいやがります

粉ミルクを飲まないので、母乳パックを持ってきてもらいましたが、哺乳瓶をいやがって飲みません。

🐻 ミルクを飲む量が少なくて心配です

ミルクを飲むようになったのですが、飲む量が少なくて心配です。どうしたらもっと飲んでくれるのでしょうか。

先輩からのアドバイス

☑ 入園前からの準備が大事！

家庭という安心できる環境で哺乳瓶に慣れておくと入園後もスムーズです。まずは、家庭で哺乳瓶を使うよう、保護者にお願いします。園で使用しているメーカーのもので飲むようにすると、園での授乳もスムーズです。

☑ 数種類の粉ミルクを準備

粉ミルクはメーカーによって味やにおいが異なります。その子の好きな味やにおいを見つけられるように、スティック式の粉ミルクを数種類、用意しておきましょう。

☑ 母親の授乳の様子を観察

慣らし保育のときに、さりげなくお母さんの授乳の様子を観察し、園でも抱き方や時間、かける言葉などをまねします。お母さんと似たスタイルで授乳をすると安心するのか、ミルクを飲んでくれます。

「そのうち慣れる」はNG

そのうち慣れるだろうと考える、ましてや子どもが空腹に負けて飲むのを待つというのは、子どもの負担が大きすぎます。入園初日から授乳ができるよう工夫が必要です。

Point　事前の準備が大切

　家庭で母乳しか飲んだことがない子どもが、哺乳瓶からミルクをすんなり飲むはずがありません。どの子どもも慣れるまで時間がかかることを前提に、入園前から準備をする必要があります。とりあえず入園させて、困ったらそのとき考えようという場当たり的な保育では、子どもにしわ寄せが来ます。園でミルクを飲まないのは私たちの準備不足ととらえ、対策を練りましょう。

　入園前に家庭で試してもらう哺乳瓶やミルクは、園と同じものを使ってもらうようにお願いしましょう。

食事

離乳食がすすみません

5か月になり、離乳食をスタートしましたが、まったく食べなくて困っています。ミルクは大好きで、いつも「足りない」と泣くほどなのに、なぜ離乳食は食べてくれないのかわかりません。

🐻 口に入れても出しちゃう
離乳食を始めたのですが、一度口に入れてもべえ〜、と出してしまいます。

🐻 他の保育者だと食べるのに…
他の保育者からなら離乳食も食べるのに、私からは食べてくれません。

🐻 うまく飲みこめない
口には入れるのですが、飲み込まず、口の中にためています。「ごっくんしよう」と声をかけても、ダメです。

先輩からのアドバイス

☑ まずは仲良くなろう！

特定の保育者からの援助を受け入れない場合は、食事ではない時間に、たくさん遊んで仲良くなっておきます。信頼関係が築ければ、「この人が与えるものなら食べてみようか」という気持ちになります。

☑ スプーンが原因かも

スプーンが口に触れただけで、拒否するしぐさをする子がいました。金属が嫌いなのかなと思って、木製のものにしたら、口を開けてくれました。

☑ 最初は抱っこで

うまく飲みこめない子どもには、いきなり椅子に座らせて食べさせるのではなく、最初は保育者が抱っこして、食べさせましょう。顔を少し上へ向かせると、食べ物が自然にのどの奥に流れ、飲み込みやすくなります。

「スケジュール通りに」はNG

5か月になったからと、一斉に離乳食を始めてもうまくいきません。発達段階表などにまどわされず、子ども一人ひとりの食に関する育ちをしっかり見つめましょう。

Point 心と体の準備ができてから

　離乳食をスタートする時期は子どもによって異なります。食事の場面ではよだれがたくさん出る、支えればしっかり座るなど、食に関する心と体の準備ができているかを一人ひとり見極めましょう。

　それまでは保育者に抱っこをされて、1対1でミルクだったのに、離乳食が始まった途端、椅子に座らされ、集団で食事という状況にも子どもは戸惑います。また、スプーンという硬い異物が口の中に入ることに抵抗を感じる子どももいます。子どもの気持ちになって、徐々に移行が進むように心がけましょう。

食事

食事中に立ち歩きます

あんよが少しできるようになり、じっと座っていません。食事のときも、少し食べては立ち上がって遊んでしまいます。膝の上での離乳食は集中して食べたのに。

ある!! ある!!

🐻 他の子のごはんに手を出します

みんなが一斉にごはんを食べるわけではないので、他の子のごはんが気になり食べてしまうことがあります。

🐻 手づかみで ぐちゃぐちゃ

遊び食べがひどいです。まだ0歳ですし、叱（しか）っても仕方ないと思います。どこまで許していいのでしょうか。

🐻 遊んでいる子の方に行こうとします

後ろの方で遊んでいる子がいると、ごはんに集中できず、立ち上がろうとします。

先輩からのアドバイス

☑ おもちゃが気にならないように

食事に集中できるよう、仕切りを使って、「食の空間」と「遊びの空間」を分けるようにしています。食事中の子どもの視界に、おもちゃや遊んでいる子どもの姿が入らないように気を配っています。

☑ 食べる気持ちがなくなったら、お・わ・り

食べることに飽きて、遊びはじめたら食事は切り上げます。手づかみ食べも同じ。食べようとしているときは許容しますが、食べ物で遊んでいるなと思ったら終わりにします。

☑ 足がぶらぶらしないように

落ち着かず食事に集中できないのは、足下がぶらぶらしているからかも。牛乳パックなどで作った台を足の下に置くと、足元が安定し、気持ちも集中しやすくなります。

「その都度、対応」はNG ✗

立ち歩いてからでは遅すぎます。興味をひくものを子どもの視界に置かない、体に合った椅子や机を使うなど、子どもが食事に集中できる環境をつくりましょう。

Point　食事の環境を工夫する

　さまざまなものが目に入ったり、人の出入りがあったりする空間では、子どもは食事に集中できません。子どもが落ち着いて食事を楽しめる環境になっているか、もう一度見直しましょう。

　ベルト付きの机を使う園もありますが、それでは意味もわからず、じっとさせられているだけになります。それよりも、子どもが自然と食事に集中できる環境を工夫しましょう。目指すのは、子どもが自ら進んで座り、主体的に食事をする姿です。

食事

一人ひとりに合わせた食事の援助が大変！

0歳児クラスでは、一人ひとりの離乳食の段階も、ミルクの量やおなかがすくタイミングも異なります。一人ひとりに合わせた食事の内容や準備、援助の方法など、頭に入りきらず、毎日てんてこまいです。

🐻 食べたり、食べなかったり

発達の段階も一人ひとり違ううえに、その日の体調やご機嫌によっても、食べたり、食べなかったり…。いつも振り回されています。

🐻 0歳児の食事の知識に自信がありません

養成学校の授業では勉強しましたが、実際に保育をしてみると、授乳の量は適切か、離乳食は一口どのくらいの量がいいのか自信がもてず、いつもドキドキです。

🐻 食事のときの人手が足りません

子どもと1対1で食べさせているので、他の子に大人の目が行き届きません。ハイハイの子が落ちているものを食べるのではないか心配です。

先輩からのアドバイス

☑ 常にメモを持ち歩く

「○ちゃん、スプーン開始、何月何日」「△くん食事中に眠くなりがち」などその都度、書き留めています。メモを何度も書き、見返すうちにだんだんその子のことを覚えられるようになり、落ち着いて援助ができるようになりました。

☑ 担当の子どもを決める

食事や排泄、睡眠などで、私が担当するのはこの3人、と決まっているので把握しやすいです。ときどき他の子どもを担当することもありますが、事前に担当の保育者と引き継ぎをしっかりすることで対応しています。

☑ 援助ポイントのリストを貼る

大人の目線に、子ども一人ひとりの援助ポイントをまとめたリストを貼っておきます。職員全員で共有できるのでとても便利です。

☑ 栄養士や園長もヘルプ！

0歳児クラスの食事はいつも人手が足りないので、可能な限り栄養士や園長にヘルプに来てもらっています。園全体が協力的になった気がします。

Point 　担当制、または情報共有を徹底する

　理想は、担当制保育の導入です。世話をする子どもが何人と決まっていれば、一人ひとりの発達や個性に合わせた援助がより行いやすくなります。とはいえ、日本で担当制を導入している園は、まだ半数強。今ある環境の中でベストを尽くすしかありません。

　心がけたいのは情報の共有です。リストでも、ミーティングでも、個人月案などでもかまいません。職員全員が、その子の発達や食事の進み具合を把握し、適切な援助を目指しましょう。

食事における発達と援助

	発達	援助
6か月未満	・新生児期の2〜3時間おきの授乳から、次第に間隔が空いてくる ・空腹を感じると泣いて知らせる ・満腹になると乳首を押し出したり顔をそむけたりする ・飲みながら保育者の顔を見つめたり、保育者に手を伸ばしたりする	・家庭での授乳のリズムをもとに、園での授乳時間とミルクの量のめやすを決めておく ・空腹を求めて泣くときは臨機応変に応(こた)える ・1対1で、他の子どもと離れた場所で授乳する ・顔を見合わせ、優しく話しかけ、笑いかけてかかわる
5、6か月（ごっくん期）	・スプーンを口の中に入れても舌で押し出さなくなる ・ほかの子どもが食べる場面をじっと見て、よだれを出したり口を動かしたりする。 ・うまく飲みこめず、口から出す ・スプーンが近づくと、口を開ける	・口をスプーンで刺激し、口が開いてから食べ物を入れる ・とろみのついたスープ状のものから始め、様子を見ながら量を増やす ・保育者の膝の上に抱きながら離乳食を与える。「ごっくんできるかな」と声をかける

	発達	援助
7、8か月 (もぐもぐ期)	・舌を横に動かして食べ物を舌と上あごですりつぶす ・下の乳歯が生え始める ・食べ物に手を伸ばす ・スプーンが下唇の上に置かれると、自分で上唇を閉じ、食べ物を口内に取り込む	・1日2回食とし、食事によって生活のリズムを整える ・舌でつぶせる固さ（豆腐くらい）の食事を提供する ・「もぐもぐ」「ごっくん」と、言葉をかけながら食べさせる ・食品の種類を増やす
9か月〜11か月 (かみかみ期)	・上下の歯茎で食べ物をつぶす ・上下4本の前歯が生えてくる ・前歯でかじり取って、一口量を学習する ・椀（わん）や皿の中に手を入れる ・スプーンに興味をもつ ・手づかみ食べが盛んになる	・歯茎で押しつぶせる固さ（バナナくらい）の食事を提供する ・手が触れても倒れたり、こぼれたりしない食器を使用する ・手づかみ食べのために、汚れてもいい環境、スティック状の茹で野菜などを準備する
1歳〜1歳半	・手づかみ食べが上手になると同時にスプーンやフォークを使って食べるようになる ・前歯が8本生えそろう ・口へ詰め込みすぎたりしながら一口量を覚える ・1歳4、5か月前後から奥歯が生えはじめるが、かむ力は弱い	・手で食べても叱らない ・食べ物をスプーンにのせるところだけ援助し、自分で口へ運べるようにする ・かみつぶさないと飲みこめない大きさの食材を提供し、かむことをうながす

第2章 生活のケア 食事

授乳の仕方

● **ゆったりした雰囲気で**

ソファなどにゆっくり腰かけて、保育者も子どもも気持ちを落ち着けて授乳します。抱っこで顔を見合わせ、「ミルクをどうぞ」などと、話しかけたり、笑いかけたりしましょう。

● **ミルクの後は**

授乳が済んだら、縦抱きで背中をやさしくさすり、排気をさせます。吐乳した際にガーゼでふき取れるように準備をしておきます。

授乳は、単に空腹を満たすだけの時間ではありません。目と目を見交わし、笑顔や言葉をかけて心も満ちたりた時間にしましょう。また、ミルクを飲んでいる子どもの気が散らないよう、授乳の最中に他の子どもとかかわったり、保育者同士で話をしたりしないよう心がけます。

☑ **ここをチェック！**

- ミルクの温度に注意（目安は38～40℃）
- ミルクの出ぐあいを確認
- 空気が入らないように哺乳瓶の傾きに注意する
- 1回の授乳時間は15分を目安に
- 授乳した時間や量を連絡帳に記入

離乳食の与え方

● **離乳食前期**

保育者の膝の上に座らせ食べさせます。スプーンを下唇に少し触れさせ、子どもが口を開けたらスプーンを入れます。飲みこむのが難しい場合は、少し体を後ろに倒します。

● **離乳食中期**

椅子に座って食べます。保育者は子どもと顔を見合わせるように座ります。椅子の下に台を置いて、しっかり足が床について、背中を伸ばせるようにします。
援助は柄の長いスプーンを使用します。まだ自分では使えませんが子どもにスプーンを握らせておきます。

離乳食は家庭との連携を

離乳食を始めたら、連絡帳などを活用して家庭ときめ細かく情報を共有しましょう。離乳食の内容、分量、時間、食べたときの様子、保育者の援助などを記入します。園での食物アレルギー発作を防ぐため、初めて口にする食物はまず家庭で試してもらいます。

〈園での食事：連絡帳の記入例〉

10時 芋のポタージュ半皿＋ミルク200cc 14時 麦茶マグ3分の1 15時 人参入り粥2/3皿＋ミルク150cc お粥をよく食べていました。Hくんはご飯が好きなようですね。スプーンを近づけると、自分から口を開けて食べようとします。

睡眠

ベッドに寝かせようとすると泣きます

抱っこで眠っていても、ベッドに寝かせようとすると途端に気づいて泣き出すМちゃん。どんなにそっと置いたつもりでも、気づかれます。何時間もずっと抱っこというわけにもいかないので、困っています。

🐻 他の保育者だと寝るのに…

私が寝つかせようとしても寝ないのに、他の保育者だと寝ます。何が違うのでしょうか。

🐻 何をしても寝てくれません

抱っこしても、トントンしても泣いて寝れない子には、どうすればいいでしょうか。

🐻 一人が泣くと他の子も…

一人が泣いていると、他の子も起きて泣きます。泣く子を落ち着かせるにはどうすればいいですか。

先輩からのアドバイス

☑ 安心できるポイントを探す

抱っこの姿勢や、揺らし方、背中やおでこ、足をさする、おんぶにしてみるなど、とにかく試してみます。安心できるポイントは、一人ひとりで異なるのです。

☑ お母さんのお腹の中みたいに

タオルですっぽり包むと、安心することがあります。お母さんのお腹の中を思い出すのかもしれません。寝入ったら外します。

保護者に聞いたら、毎晩添い寝をしているとか。園でも隣に横になって体を密着させたら、寝てくれました。

☑ 降ろすときは、自分の体も一緒に

抱っこから降ろす際は、自分の体が子どもから離れないようぴったりとくっつけるようにします。降ろすときに泣いてしまうのは、不安定な浮遊感が不安を感じさせるから。降ろした後もしばらく体を密着させておくと、深い眠りに入っていきます。

「こちらが焦る」のはNG❌

焦りや不安は子どもに伝わります。子どもは泣くものと割り切って、ゆったりとつきあいましょう。一人ひとりが安心できるポイントを見つけることが大切です。

Point　ゆったりと眠りにつきあう

　ベットに寝かせると泣くのは、「保育者の抱っこが大好き」というメッセージかもしれませんね。子どもにとっての眠りは、大人が考える眠りとは異なります。暗闇の中に落ちるような感覚、体が思うように動かなくなる感覚で、不安や恐怖を伴うことも多いのです。

　ですから、保育者はできるだけ子ども一人ひとりが安心して眠れるように工夫する必要があります。安心して眠れるポイントは、一人ひとり異なります。それを丁寧に探りながら、心地よい眠りを提供しましょう。

睡眠
「入園してから夜泣きが始まった」と言われました

入園してから夜泣きをするようになったと、保護者に言われました。保護者も仕事に復帰したばかりで、夜泣きにつき合うのは負担が大きいようです。園に原因があるとしたら、どうしたらよいのでしょうか。

🐻 すぐに起きてしまいます
ドアの開け閉めの音や隣の子の寝言など、ちょっとした物音ですぐに起きてしまう子がいます。別の部屋で寝かせたほうがいいのでしょうか。

🐻 登園後すぐに眠くなってしまいます
登園してきたばかりなのに、すぐに眠くなる子がいます。

🐻 一人ひとりの生活のリズムが把握できません
一人ひとりにあった生活のリズムを把握して、整えるのが難しい！

先輩からのアドバイス

☑ 連絡帳を活用

連絡帳には、家庭での入眠時刻や睡眠の量などを書く欄があります。そうした情報をもとに、園での生活リズム、睡眠の時間を模索します。

☑ 0歳児の睡眠は、個別対応

夜中に授乳で何度も起きる子もいるので、夜の睡眠は基本的に不十分と考えています。日中、必要に応じて個別に睡眠時間をとります。登園直後に眠くなる子には、30分程度でも眠れる環境をつくります。

☑ 敏感な子は、前もって対応

物音などに敏感な子には、起きそうだな、というタイミングで前もって対応します。トントンしたり、手を握ったりすると完全に覚醒する前にまた眠れます。

「根拠のない大丈夫」はNG ❌

0歳児に多い夜泣きのメカニズムを説明すると保護者は安心します。根拠のない「大丈夫」は、保護者の不安を増すだけ。一緒に考え、解決していく姿勢を見せましょう。

Point 保護者のつらさを受け止める

　夜泣きは生後7か月前後に始まることが多く、原因ははっきりとはわかっていません。子どもの脳機能が発達し、記憶の力も伸びてくるため、日中の刺激を思い出して泣くという説もあります。おっぱいやミルクでは泣き止まないというのが特徴です。成長の一過程であり自然に消えていくことが多いので、ゆったりと構えてつき合いましょう。

　入園や復職でさまざまな心配事を抱える保護者にとって、子どもの夜泣きは相当つらいこと。保育者はそのつらさに共感し寄り添いましょう。

睡眠における発達と援助

発達　　　　　　　　　　　援助

出生〜3か月

- 新生児期は2〜3時間のサイクルで睡眠と覚醒を繰り返す
- 1日に15〜16時間眠る
- 目覚めると泣く
- 授乳時以外は、まどろんでいることが多い

- 眠る間も子どもの様子に注意し、SIDS発症のリスクを低減する
- 目覚めたら「おめめ、さめたかな」と優しく声をかけ抱き上げる
- 授乳後は必ず排気させ、すぐに寝かさない
- 園では高さのあるベビーベッドを使用し、他児から離れ、安心して眠れる環境を提供する

4か月前後

- 4か月ごろには昼夜の区別がつく
- 1日の睡眠時間は13〜14時間になる
- 日中3，4回に分けて睡眠をとる
- 眠るときはぐっすり眠る

- 目覚めているときと眠っているときのメリハリをつけ、目覚めているときは抱いたり散歩にいくなどする
- 一人ひとりの睡眠のリズムに合わせ、午睡時間を確保する
- 静寂は必要ないが、眠っている子どもを驚かさないよう室内の音環境に配慮する

	発達	援助
7か月前後	・午前睡と午後睡の2回で日中のリズムが整ってくる ・夜泣きが始まる ・寝返り、ずりばいができるようになり、自力で動くことを楽しむ	・目覚めているときにはふれあい遊びなどしながら楽しい時間を過ごせるようにする ・夜泣きに悩む保護者に寄り添い、子どもの睡眠の特性を把握する。十分に探索活動ができるよう環境を整える
10か月以降	・授乳で1、2回起きることもあるが夜間はまとめて9～10時間ほど眠る ・歩行が始まり活動量が増えると午前中に眠くなることがある ・1歳半ばには、1日1回の午睡で日中を過ごせる	・まだ1日2回の午睡をとっている子でも、夜の睡眠に影響を与えないよう、午後4時以降は午睡を控える ・午前中に眠い様子を見せる子どもは、静かな環境で午前睡をとる

第2章 生活のケア 睡眠

子どもの睡眠の特徴「レム睡眠」と「ノンレム睡眠」

　睡眠には、眠りの深い「ノンレム睡眠」と眠りの浅い「レム睡眠」があります。眠っている間はこの2つの状態を行ったり来たりしますが、新生児期はその反復リズムが不規則です。ですから生まれて1，2か月は少しの物音でも目覚めて泣きやすく、世話をする人も睡眠不足になりやすいのです。大人の睡眠は休息と回復という意味合いが強いですが、子どもの睡眠は脳と体を育てるためのものです。成長ホルモンは、ノンレム睡眠のときに活発に分泌されますから、ぐっすりと深い眠りを十分確保することが大切です。家庭と連携しながら、園でも質の高い睡眠を提供できるよう努めましょう。

SIDSに注意！

観察がしやすいように、室内は暗くしすぎない。

授乳後に必ず排気させ、授乳後すぐに寝かせない。

睡眠中に、注意深く観察をする。職員の交替時にしっかり引き継ぐ。

よだれかけは外して寝かせる。子どもの手の届くところにタオルやガーゼ、ぬいぐるみなどを置かない。

睡眠中に寝具で顔が覆われていないか観察。布団は首元までかけず、胸元までかける。

あおむけで寝かせる。うつ伏せを好む子は特に注意して観察し、深く寝入ったところであおむけにする。

室温や寝具に配慮し、温めすぎない。手は布団から出す。

SIDS（乳幼児突然死症候群）は、何の予兆や既往歴もない乳幼児が突然死に至る原因のわからない病気で、窒息などの事故とは異なります。2017年の乳児の死亡原因としては第4位。予防方法は確立していませんが、発症リスクを低くすることは可能であるとされています。

✓ リスク低減のポイント！

- 1歳になるまでは、あおむけに寝かせる
- できるだけ母乳で育てる
- 乳幼児の周囲で喫煙しない

3つのポイントを守ることで、SIDSの発症率が低くなるという厚生労働省のデータがある。

生活リズムをつくるコツ

❶ 目覚めの光を浴びる

部屋のカーテンを開けて、朝の光を浴びると生活リズムが整います。

❷ しっかり体を動かす

日中しっかり体を動かして遊ぶとよく眠れます。

❸ 食事のサイクルをつくる

規則正しい食事で生活リズムが整います。

❹ 午睡は遅くとも3時まで

1日1回午睡をとる子は3時までには起こしましょう。夜の睡眠に影響が出てしまいます。

24時間の生活リズムを

　生活リズムが崩れると、睡眠不足や食習慣の乱れにつながります。情緒が不安定になったり、攻撃的になったり、活動への集中力も低下し、一日中ぼーっとすることもあります。0歳児クラスでは家庭での生活の様子も考慮に入れた24時間の生活リズムを確立しましょう。朝の光を浴びることは、生活リズムを整えるうえで大切です。情緒・神経を安定させるメラトニン（ホルモンの一種）は眠気と関係し、朝の光を浴びると夜にメラトニンが出やすくなります。前夜に就寝が遅くなっても朝はいつもの時刻に起こし、前日の寝不足を引きずらないようにしましょう。

着脱

生後数か月の子の着替え、力加減がわかりません

初めて担当する０歳児クラス。首がすわらない子の着替えのとき、けがをさせたら大変！とドキドキして、なかなか進みません。どの程度の力なら、子どもの体を引っ張っても大丈夫なのでしょうか。

🐻 暑いのか、寒いのかわかりません

暑いのか、寒いのかわからなくて、衣服を何枚着せたらいいのか悩みます。着せた後も、これでいいのか、自信がもてません。

🐻 着替えのタイミングがわかりません

気づいたらかなり汗をかいていました。もっと早く気づくにはどうすればいいですか。

🐻 靴下が脱げます

いつの間にか靴下が脱げて、足が冷たくなっていました。

先輩からのアドバイス

☑ 自分の状態と関連づけて

自分が何枚着ていたときに、子どもはこうだったと、関連づけると覚えやすいです。大人が3枚くらい着る横で、子どもは半そででハイハイしています。

☑ 洋服を思い切って伸ばす

首回りを思いっきりびよーんと伸ばしたり、袖口をくしゃくしゃ丸めたりして着せています。赤ちゃん用の洋服は、伸縮性が高い素材なので大丈夫です。また、指がひっかからないよう大人の手で子どもの手をくるんで袖に通すようにします。

☑ 背中に1枚、ガーゼ

ねんねの子と、ハイハイの子、つかまり立ちの子では運動量が違います。運動量によって着せる枚数も調節します。汗をかきやすいときには、背中に1枚ガーゼを入れます。汗をかいたら取り除くだけなので、着替えの回数を減らせます。

「とりあえず多めに」はNG

必要以上にたくさん着せて、とりあえず安心するのはダメ。着せすぎ、温めすぎはSIDSの原因にもなると言われます。その子の発達や活動状況、汗のかき具合に応じて調整しましょう。

Point　体を引っ張らず、衣服を引っ張る

　新陳代謝が活発で汗かきな赤ちゃんは、1日に何度も着替えが必要です。折れそうな指、やわらかい手足は、引っ張ったり曲げたりするのに勇気がいりますね。基本的には、洋服のほうを体に沿わせることを心がけて。

　生後2、3か月ぐらいまでは体温調節機能が未熟なので大人より1枚多めに着せ、体温が奪われないようにします。でもこれは、外気温にさらされたときの話。1年中、温度湿度が適切に管理されている環境では、これでは着せすぎです。衣服の調節は室温との関係で考えましょう。

着脱

暴れて着替えができません

着替えのときに暴れたり、寝返りしたりして、なかなか思うようにできません。スムーズに着替えるコツはありますか。

🐻 脱がせたら、逃げられました
汗をかいていたので服を脱がせたら、裸のままハイハイで逃げられ、また着せるのに苦労しました。

🐻 服を脱がない子には…
活発に動いて汗ぐっしょりの子。風邪をひくと困るので、着替えさせたいのですが、脱ぎたくないといやがります。

🐻 ズボンをはかせるのが難しいです
ハイハイの子に、ズボンをはかせるのに苦労します。早くつかまり立ちができるようになってほしい…。

先輩からのアドバイス

☑ 着替えることを伝える

「たくさん汗をかいたね。お着替えをしてさっぱりしましょう」と目を見て伝えます。たとえ0歳児でも、本人に告げず大人が着替えさせることはしません。

☑ 自分で取り組む感覚を育てながら

「腕を出してください」など、できなくても声をかけることで、自分で取り組んでいるという感覚をもてるようにしています。少し大きくなれば、「ばんざいしてください」「足を入れてください」などの言葉も理解できるようになりますよ。

☑ 子どもの動きに合わせて

こっちにひねってくるな、と動きを読んで、その動きに着替えを合わせます。寝返りをしそうな子どもがいたら、そのひねった足の先にズボンを準備しておきましょう。うまくいったときはすかさず子どもをほめ、「自分でできた」と実感できるようにします。

☑ 着替えは重ねて準備しておく

2枚以上の服を着る際は、重ねて準備しておきます。Tシャツとランニング、前開きドレスと下着を重ねておくといいですよ。

Point 「着替えさせる」という意識を捨てる

　大人が良かれと思っていても、着替えの強要は子どもにとっては嫌なものです。着替えは「させる」ものではありません。着替えるのは、あくまでも子ども。私たちはそのお手伝いをするのです。たとえ言葉による意思表示がなくても、着替える、着替えないの決定はできる限り子どもにゆだねましょう。

　着替えるという見通しが自分の中にできれば、暴れたり、逃げたりはしないものです。遊んでいる最中に遊びを中断させて着替えというのも考えものです。子どもは遊びの一環と勘違いし、追いかけられると逆に楽しくなって逃げるのです。

着脱

衣服の着脱、どうやって教えたらいいですか

子どもが着替えに興味をもち始めましたが、言葉ではなかなか伝わりませんし、時間がないので、ついつい保育者のペースで着替えさせてしまいます。これではいけないと思うのですが、どう教えたらいいのかわかりません。

🐻 根気よくつき合えません

丁寧に言葉をかけながら、根気よくと思いながらも、ついついこちらが主導で着替えさせてしまいます。

🐻 なかなか服の前後を理解できません

服の前後や裏表、何度教えても反対に着てしまいます。教え方が悪いのかなと思いながら、忙しい時間帯だと時間をとれず、私が着せてしまうことになります。

🐻 パンツの着脱、足がひっかかります

パンツやズボンの着脱で、足がいつもひっかかり、かんしゃくを起こす子がいます。

先輩からのアドバイス

☑ ごっこ遊びでお着替えの練習？

ままごと用に、大きめのスカートやゆったりズボンを用意して、着脱の経験ができるようにしています。コックさんの衣装やお医者さんの白衣なども、子どもは喜んで自分から着ようとするのでよい経験になっていました。

☑ 最初から前後、裏表は教えない

0歳児で衣服の前後を理解するのはまだ難しいと思います。一枚一枚で異なりますし、向きは保育者が整え、まずはかぶるところから始めています。

☑ ステップを踏んで

簡単な手順一つだけに挑戦することからスタート。例えば、腕を入れるところ、ズボンを引っ張るところなどから始めるといいようです。上手になったら、次の手順を取り入れます。

☑「絵があるほうが、おなかだよ」

1歳後半になってきたら、前後を教えますが、1歳児に「星がついているほうがおなかだよ」など、わかりやすい表現をします。そして、いったん体に服をあて、その向きのまま子どもの前に広げます。

Point 子どもが達成感を感じられるように

慌ただしい毎日の中で、根気よく子どもを待つのは難しいことですよね。最初から最後までを子ども自身ができるように待つのは大変でも、例えば、Ｔシャツを「かぶる」だけ、靴下を「ひっぱる」だけなら待てるのでは。

大事なことは、子ども自身が「できた！」と達成感を感じられるよう援助すること。ですから、衣服の着脱は、最終工程を子どもがすることから始めるといいですね。

遊びの中に着脱を取り入れるのも、よいアイデアです。

着脱における発達と援助

発達	援助
3か月未満 ・生後2、3か月ぐらいまでは体温保持機能が未熟なので、大人より1枚多めに着せる ・新陳代謝が盛んなので、こまめに着替えをさせる	・自分で体位を変えることができないので、背中に髪の毛やゴミ、しわが入らないようにする ・衣服は重ねて準備しておく。体を引っ張らず、衣服を体に沿わせる
6か月未満 ・動きが活発になり、おむつ替えのときなどに腰をひねる ・靴下を引っ張って脱ぐ ・ずりばいやハイハイが始まる ・おむつ替えのときに、腰を浮かせて主体的に取り組む	・おむつ替えのときに押さえつけず、目を合わせてスキンシップを楽しむ時間にする ・移動が始まったら上下別れた衣服にする ・おむつ替えのときに、「お尻をあげてください」などと声をかける

1歳前後

発達
- スナップや面ファスナーをくっつけたり外したりして遊ぶ
- 脱ぎ着のしやすい服なら自分で着脱をしようとする
- 脱いだ服を自分のロッカーやかごの中に入れる
- 外出のときに必要な身支度がわかり、自分でしようとする
- 低い椅子に座り、パンツやズボンを自分ではこうとする

援助
- 着脱の力を育む遊びを取り入れる
- ゆったりして伸縮性のあるシャツやズボンを、保護者に用意してもらう
- 「自分の」が子どもにわかるように、マークやシールを工夫する
- 前後やボタンを留める位置が違っても、「できた」ことを認める
- 時間がかかっても、できるだけ見守る

1歳半前後

発達
- 歩行が安定する
- ズボンやパンツをおろすのが上手になる
- 大人が手助けしようとするといやがる
- 自分でうまくできないと、かんしゃくを起こして泣く

援助
- できることは見守り、難しいところだけを見極めて援助する
- 援助が必要だと感じたら、「手伝いましょうか」と声をかける。援助する際は、子どもの同意を得てから手伝う
- 難しそうなところを先回りして援助しておき、「自分でできた」という満足が得られるようにする

着脱につながる遊び

● **スナップ・面ファスナーなどのおもちゃ**

1歳前後では大きめのスナップや面ファスナーをつけたりはがしたりが楽しめます。ファスナーを使ったおもちゃもよいでしょう。

● **着せ替え人形**

抱き人形にズボンやスカートをはかせたり、上着を着たりすることで、自分自身の着脱へと意識が向きます。

● **ごっこ遊び**

衣装を着て運転手さんやお母さんの気分を楽しむ遊びです。子どもが着てみたい衣装を用意しましょう。

● **シュシュをはく**

靴下をはくための動きにつながります。手と足を同時に動かし連動させます。

1歳半ごろには、着脱の自立を意識した遊びを積極的に取り入れます。「着替えましょう」と大人が呼びかけるより、「自分で着替えてみたい」という気持ちを育むほうが、自立への道はスムーズです。遊びを通じて着脱につながる動きを楽しく学べるよう、工夫しましょう。

"挑戦中"を家庭と共有

"今こんなことに挑戦中です"、と家庭とこまめに共有します。家庭ではどうしても手助けしてしまいがちですが、その子ができること、やろうとしていることを、大人は見守るというスタンスを、園と家庭で共有しましょう。

着脱の自立に向けて

① 自分の持ち物がわかるように

子ども一人ひとりのマークをロッカーやかごにつけ、「自分の」という意識が育つようにしましょう。

② 靴を持ってくる、しまう

まだ自力で靴をはくことができなくても、靴箱への出し入れは子どもの役割と決めておきます。身支度や持ち物の整理への主体性を育めます。

③ 子どもの目線に上着のフック

フックにもマークをつけておくと、戸外に出るときに子どもが自分で上着を用意するようになります。

ここがポイント!!

自分で「自分の」がわかる環境をつくることが大切です。「しまって」「とってきて」と大人が指示しなくても、自分で考えて身支度に必要なものを準備できるよう、子ども目線で環境を整えましょう。

自分をイメージできるマークを

　集団生活を初めて経験する子どもにとって、マークは名前と同様、自分を示す重要な意味をもつものです。子どもが自分をイメージしやすい愛着のもてるマークを準備してあげたいですね。

　自分の持ち物を意識し始める1歳前後を目標に、その子の好きなものや特徴を取り入れたマークについて保護者と相談しましょう。車や電車、犬や猫など人気があるものは、色や形に変化をつけることで対応できます。

清潔

首がすわらない子の沐浴が不安です

首がすわらない子の沐浴、手をすべらせちゃったらどうしようなど、いろいろ考えてこわくなってしまいます。特に体をひっくり返すときは緊張します。どうしたら自信をもってできますか？

🐻 先輩は簡単そうにやっているのに
先輩は簡単そうに、楽しそうに沐浴をしているのに、私は緊張します。体を洗うときに話しかける余裕なんてありません。

🐻 知識も経験もなく、自信がもてません
沐浴は養成学校の授業で一度やっただけ、子どもを育てたことがあるわけでもないし、知識も経験もないので、全く自信がもてません。

🐻 沐浴をしないほうがいいときは？
沐浴をしていいときと、しないほうがいいときの判断ができません。

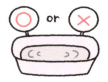

先輩からのアドバイス

☑ 最初は観察から

養成学校の授業ではビデオを観ましたが、今はインターネットで動画を見て学んでいます。加えて、先輩保育者が沐浴を行っている場面を何度も観察しました。勉強を重ねてできそうだなと自信がついてからデビューしました。

☑ 自宅でイメトレ

自宅でお風呂に入っているときに、人形を使ってイメージトレーニングをしました。実際に手を動かし、道具も使いながら練習すると手順がつかみやすいです。

☑ 先輩についてもらう

あおむけからひっくり返すときが一番緊張するので、先輩にそばについてもらいました。何度も行っているうちに少しずつ自信をもってできるようになりました。練習あるのみです。

「こわごわした手つき」はNG

おっかなびっくりの手つきでは、かえって危険です。赤ちゃんにも不安が伝わってしまいます。自信がもてるように、映像を見たり、人形で練習したりしましょう。

Point 困ったときは周囲の力を借りる

　沐浴は緊張しますよね。誰でも同じです。皆、練習を重ねて少しずつ上達していったのです。自信がなければ、先輩に頼りましょう。「教えてください」と頼むのは、恥ずかしいことではないのです。

　沐浴の前には必ず検温します。平熱より高かったり、食欲がなかったり、ぐずりが強いなどいつもと変わった様子があるときは沐浴を避けましょう。沐浴に使う道具は漏れのないようにしっかり準備をします。回数を重ねれば、沐浴の時間を楽しめるようになりますよ。

| 清潔 |

顔や鼻水をふかれるのを いやがります

顔や鼻水をふこうとすると、いやがって顔をそむけます。気持ちよくふかせてもらうには、どうすればいいでしょうか。

ある!! ある!!

🐻 耳や鼻の清潔が気になります

鼻水をふこうとすると、手で払いのけようとします。耳や鼻の清潔はどうすればいいですか。

🐻 小さい歯が生えてきました

小さい歯が生えてきました。歯をみがいてあげたほうがいいですか。

🐻 お肉の間がふけません

ぽっちゃりしている子の、お肉とお肉の間にあかやほこりがたまっていて気になります。上手にふく方法はありますか。

先輩からのアドバイス

☑ 急に顔をふかれたらびっくりしちゃう

これから何をするのか、子どもに必ず伝えてからふいています。言葉だけでは伝わりにくいので、「鼻水をふいてもいいですか？」と言いながらティッシュを見せ、お鼻をちょんちょんとしてからふきます。

☑ 優しいケアで、気持ちいい印象を

ふくときにいやな思いをした経験があって、いやがるようになったのかもしれません。「痛くないよ」「大丈夫だよ」と声をかけながら、丁寧で優しいケアを心がけます。

☑ 園ですべてのケアをしようとしない

お肉の間や耳の穴、頭髪などは、お風呂に入ったときに自然に汚れがとれますよ。園では日中の活動に支障が出ないためのケアにとどめます。気づいたことがあったら、家庭と連携をとりましょう。

「押さえつけてむりやり」はNG✕

顔や鼻水をふかせてくれないとき、力任せにするなど、保育者主導になりがち。どんな小さなことでも、子どもの意思を確認しましょう。

Point 優しく、丁寧なケアを徹底する

　小さいときこそ、ケアは優しく、丁寧に。そして、これから何をされるのか、子ども自身が予測を立てられるように、事前の声かけを徹底します。子どもの意思を確認せずに、ぱっと鼻水をふくのはもってのほか、子どもの人権の尊重という意味でも十分に注意しましょう。乳歯の歯磨きは悩みどころですが、０歳児はよだれも多く、食べるものも限られていますから、虫歯を心配し過ぎる必要はありません。はじめは、口の中に歯ブラシが入る感覚に慣れることを目指してください。

清潔における発達と援助

発達 / 援助

4か月未満

発達
- おむつが汚れると泣く
- ヨーグルト状の便が頻回出るため、おしりかぶれが起きる
- 新生児湿疹（しっしん）が残る子どもがいる
- 新陳代謝が激しく、皮膚がむけたり、あかがたまることが多い
- ほこりなどを手に握ったまま口に入れる

援助
- 泣いて知らせたらおむつを替え、「さっぱりしたね」「気持ちいいね」などの感覚を言葉にする
- 温かいぬれ布巾などで、優しく顔をふく
- 沐浴であせもを予防する
- 手のひらをこまめにふく

10か月前後

発達
- 歯が生えてくるとむずがゆくて手やおもちゃをかんだり、ぐずったりする
- 「顔をふきましょう」などと声をかけられると顔を差し出すなど主体的に取り組む
- 離乳食前後に手や顔をふくことに慣れ、自分でやろうとする
- 自分で手を洗おうとする

援助
- 歯固めを用意する
- 手、顔、鼻水をふくときは必ず声をかけ、子どもの意欲を尊重する
- 手をふいたり、洗ったりはまだ上手にはできないが、やろうとしたことを認める

	発達	援助
1歳2か月前後	・手洗いのときに水で遊ぶ ・食事や排泄の前後に手を洗う習慣がつく ・食後に歯ブラシをくわえることに慣れる ・鼻水や食べこぼしがついても気にせず遊ぶ 	・ある程度見守り、水では遊ばないことを伝える ・やろうとする姿を尊重する ・鏡を見せながら、自分で汚れをとるよう援助する ・いつでも手に取れるところにティッシュを用意しておく
1歳半以降	・手洗いの際、腕まくりをしようとする。上手に洗おうとする気持ちが出てくる ・鼻水が出たことを保育者に伝える ・保育者の援助のもと、ぶくぶくうがいをする 	・服をぬらさず、水を跳ね飛ばさず手洗いをすることを、丁寧に伝える ・「教えてくれてありがとう」と応え、一緒に鼻をかむ ・最初は口に水を含んで出すだけにし、そのうちに、「ぶくぶくしてみよう」とうながす

第2章 生活のケア　清潔

沐浴の手順

準備するもの

お湯（夏場38℃くらい。冬場40℃くらい。必ず湯温計で確かめる）
石けん（刺激の弱いもの）、ガーゼ、かけ湯用の湯おけ、バスタオル、新しい衣服（下着と上着は重ねて袖を通しておく）、新しいおむつ（衣服の上に重ねておく）

① お湯に入れる

利き手ではない方の手で子どもの頭を支えながら足元からお湯に入れます。耳に水が入らないよう保育者の親指と中指で子どもの耳を優しく押さえます。不安で泣いたり体をこわばらせたりする場合は、ガーゼを胸の上にかけるとよいでしょう。

② 顔をふく

清潔な湯でぬらし、軽くしぼったガーゼで顔をふきます。目の周り、口の周り、鼻の穴周辺の汚れがつきやすい部分を中心に行います。

③ 洗う

石けんの泡を利き手に出し、頭、手、わきの下、首、胸、腹と上から下の順番で洗います。握った手は開き、ひじの内側や膝の裏側、首などのしわ部分は中まで指を入れて丁寧に洗います。一部を洗ったらすぐにかけ湯で泡を洗い流します。

④ うつぶせにして背面を洗う

子どもの両手を保育者の指にはさんでばたつかないようにし、保育者の腕全体に子どもの胸からおなかが乗るようにひっくり返します。体の背面を石けんで洗います。

⑤ さし湯をして温度を調節

いったん子どもをお湯から出し、さし湯をして温度を調節します。

⑥ あおむけで温める

再びあおむけにして湯に入れ、子どもを温めます。最後にきれいなお湯をかけて上がります。

⑦ 全身をふく

わきに広げておいたバスタオルの上に子どもを寝かせ、水分を丁寧にふきとります。

どんなに小さな子どもでも、清潔を快と感じる感覚をもっています。「気持ちがいいね」「さっぱりしたね」と声をかけられながらきれいになる体験を積み重ねることで、成長してから自分で清潔を保つ力を育むことができます。ゆったり楽しみながら、清潔の意識を育みましょう。

✅ ここをチェック！

こんな場合は、沐浴は避けます。
- 授乳直後
- 熱がある
- 元気がない
- 食欲がない

第2章 生活のケア 清潔

0歳から始める清潔の習慣

1 授乳前・食事前にはおしぼりで手をふく

0歳児は自分でミルクを飲むわけではないですが、ミルクも食事ととらえ、食事前に手を清潔にする習慣をつけます。

2 おむつ替えの後に手を洗う

子どもの手が汚れたわけではありませんが、保育者が手を洗うのと一緒に子どもの手も洗います。トイレが終わったら手を洗うという習慣につながります。

3 午睡後に顔をふく

ぬるま湯でぬらしたタオルなどで目覚め後に顔をふくことで、さっぱりし、目覚めもよくなります。

4 清潔になった心地よさを一緒に喜ぶ

着替え、手ふき、顔ふき、おむつ替えなどの後には必ず「きれいになったね」「さっぱりしたね」などと声をかけ、清潔になった心地よさを一緒に喜びます。

自分で食べたりトイレに行ったりするわけではないので、0歳児に手洗いは不要と考える人が多いかもしれません。しかし、清潔を意識する感覚と習慣は、0歳のときから育む必要があります。「汚くても平気」で育ってしまうと、清潔に対する感覚が鈍くなってしまいます。

清潔の習慣を、家庭と共有

清潔の意識を育むために園で心がけていることを、家庭とも共有しましょう。具体的にどんな言葉をかけているのか、手洗いや清拭（せいしき）をどのように行っているのか伝えることで、家庭でも意識が高まり、取り組むきっかけになります。

第 **3** 章

コミュニケーション

生後数か月の子にどうかかわればいいですか

何もおしゃべりをしない子に、何を話しかけていいのかわかりません。どうしていいかわからず、一日中だまっていることもありました。

ある!! ある!!

🐻 あやし方が、わかりません
一生懸命あやしているつもりなのですが、全く無反応です。どうすれば笑ってくれるのでしょうか。

🐻 一方的に話しかけるだけになっています
子どもに話しかけてみましたが、一人でしゃべっているみたいな気分になります。寝ているだけの子どもに一方的に話しかけて、意味があるのでしょうか。

🐻 これでいいのか不安です
はじめて0歳児担当になりました。0歳児と遊んだ経験もほとんどなくて、話しかけても伝わっているのかなと不安になります。

先輩からのアドバイス

☑ 目を見交わすだけでも
子どもの目を見て、にっこり微笑むだけでも十分コミュニケーションになります。また、喃語やクーイングなど、子どもが発した音をこちらがまねてみるのも楽しいですよ。会話をしている、意味があると信じて話しかけることが大切だと思います。

☑ ふれあい遊びをマスター
わらべ歌や、ふれあい遊びをたくさん勉強しました。おかげで、笑ってくれることが多くなりました。スキンシップにもなるので、0歳児はうれしいみたいです。

☑ 届きやすい声や距離を意識
0歳児は視力が弱いので、ぐっと近寄ることを意識しています。高めのやさしい声で話しかけると、0歳児は心地よく感じると聞いて、聞きやすい音や声も心がけています。

「放っておく」のはNG ✕
子どもは新しい世界のさまざまなものを見ようと、好奇心いっぱいです。泣いていないからとベッドに寝かせっぱなしでは、子どもが学ぶチャンスを奪うことになります。

Point　赤ちゃんの認知の特徴を理解する

　一生懸命話しかけたり、あやしたりしても、反応が返ってこないと不安になりますよね。でも、大丈夫。反応が見えにくいのは、最初の数か月だけ。そこを乗り越えれば、輝くような笑顔を見せるようになりますよ。
　生後間もないころは、視力がかなり弱いので、30cm近くまで寄って話しかけてください。また、高めの優しい声で、シンプルな言葉をゆっくりくり返して話しかけるマザリーズを意識します。わらべ歌にはこのような特徴が組み込まれていますから、取り入れてみるといいでしょう。

なぜ泣いているのか わかりません

泣いている理由がわかりません。先輩たちは「〇〇じゃないかな」と予測することができるのですが、私にはさっぱり。泣かれると、私が泣きたくなってしまいます。

🐻 一人が泣くと他の子も泣き始めます

一人の子が泣き出すと、他の子も泣き始めて対応が追いつきません。

🐻 あれこれ試してみても泣き止みません

おなかがすいているわけでもなく、おむつがぬれているわけでもないのに泣くことがあります。抱き上げても、子守歌を歌っても泣いていて、ときにはますます大声で泣くこともあり、どうしていいかわからなくなります。

🐻 泣かれ続けるとイラッとしてしまいます

怒っても仕方がないとわかっているつもりですが、泣かれ続けると余裕がなくなることがあります。

☑ 一つひとつ、手探りで

「おなかすいたのかな」「おむつかな」と、一つひとつ、理由を探っていきます。そうしているうちにだんだん理由がわかってきます。焦ったり、不安に思うと、その子どもの様子が見えなくなり逆効果です。

☑ 1日のリズムを思い浮かべる

その子どもの様子を観察して、1日のリズムを頭に描くと、「そろそろ眠い時間かな」「疲れちゃったかな」などと予測がつけられるようになります。

☑ 「泣き」ノートをつけてみる

排泄や睡眠の記録をつけるのは当然ですが、私は一人ひとりの「泣き」のノートをつけています。泣きはじめた時間、泣き方、対応などを記録すると、その子どものパターンが見えてきます。

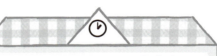

「私には無理」はNG

どんな保育者も、何も知らない新人からスタートしています。「わからない」を乗り越えていくことが大切です。わからなくても、抱っこして「泣きたい気持ちなんだね」と共感しましょう。

Point　泣きたい気持ちを共有する

　子どもが泣いていると、早く泣き止ませなければと思いがちですが、子どもにとって、「泣く」とはひとつの自己表現。それ自体は、悪いことではありません。放っておくのは論外ですが、泣きたい気持ちに共感してもらえず気をそらされたり、とりあえずミルクを与えられたりすることの方が残念です。

　空腹やおしっこなど何かはっきりした要求があるときはそれに応えますが、理由がわからない場合は「どうしたの」と優しく抱き上げ、泣きたい気持ちを共有し、二人の時間を過ごしてみてください。

なつかない子がいます

入園してしばらく経つのに、私になついてくれません。朝の引き受けのときに迎えに行っても、「この人、イヤ！」という反応をされて悲しくなります。そんな子には、どう対応すればいいですか。

🐻 人見知りが激しい子がいます

人見知りが激しくて、となりのクラスの保育者が来ただけで大泣きしてしまう子がいます。あんまり泣くので、ちょっと気まずい雰囲気になっています。

🐻 男性保育者ですが 必ず泣かれてしまいます

男性が嫌い、お父さんもダメという子がいます。姿が見えただけでも大泣きされ、正直へこみます。

🐻 どこにでも、ついてきます

私がどこに行くにもハイハイで後追いしてくる子がいます。うれしい反面、一人の子ばかり見ることができず、困っています。

先輩からのアドバイス

☑ チームで対応

一人の保育者が苦手でも、他の保育者と関係を結べているのなら問題ありません。男性であったり、眼鏡をかけていたりはその人の責任ではないので、「気にすることないよ、そのうち慣れてくれるよ」とフォローしあっています。

☑ 強引に引き受けちゃうときも

「今日は私で我慢して〜」と、ちょっと強引に引き受けるときもあります。そして保育中、仲よくなれるようにたくさん遊びます。ユーモアを交えながら「仲よくなりたい」をアピールします。

☑ 子どもの気持ちを、声に出しながら

なつかない子であっても「この人初めて見るし、抱っこされるのイヤだな。でもちょっとだけ試してみようかな」など、子どもの気持ちを言葉にしつつ、安心感をもってもらえるように働きかけます。

☑ 「戻って来るよ」のひと言を

私の姿が見えなくなると大泣きする子。その子の視界から外れる際は、「先生、園長先生とお話ししてくるけれど、すぐに戻って来るよ」と必ずひと言かけています。理由がわかれば、子どもも少し安心するみたい。

Point いやがられても動じない

人見知りは発達の証と、頭ではわかっていても、「この先生はイヤ！」とあからさまに否定されると、こちらも落ち込みますね。でも、すべての子にいやがられたわけではないので心配する必要はありません。どの子にも、自分の好きな先生、ちょっと苦手な先生がいて当たり前なのです。

避けたいのは、子どもにいやがられた際に「引いて」しまうことです。いやがられても、堂々としていてください。そうすれば子どもは、「この先生は自分がどんな感情をぶつけても、受け止めてくれる」と信頼するようになります。

「アーアー」「ブー」といった言葉にどう反応する？

「アーアー」「ブー」といった言葉を発するようになりました。とてもかわいらしくて頬（ほお）がゆるみますが、どのように応えたらいいかわかりません。

🐻 喃語を発しない子が心配です
そろそろ喃語を発する時期なのにあまり発しない子がいます。発達に問題があるのかなど、気になります。何か気をつけたほうがいいでしょうか。

🐻 指さしをするようになりました
指さしをして、「アーアー」ということが増えました。どう応えればいいですか。

🐻 にっこり笑いかけられます
なぜか、にっこり笑いかけられることがあります。どう応えていいかわかりません。

先輩からのアドバイス

☑ 赤ちゃん言葉をまねっこ

子どもの言葉をくり返しています。最初は私、何しているんだろうと思うかもしれませんが、結構楽しいですよ。ババー、ババーププブなどと言い合って、楽しんでいます。

☑ 言葉を発したらギュッ！

子どもからの何かのメッセージだと思うので、「受け止めたよ！」と伝えるためにも、体にタッチしたり、ギュッと手を握ったりします。「なあに〜？」と呼びかけながら、子どものおなかやほっぺに両手を添えることもあります。

☑ 「ぱっぱっぱ」が面白いみたい

生後半年を過ぎても、ほとんど喃語を発さない子どもには、唇を使って音を出す撥音を中心に声をかけています。笑ってくれることが多い気がします。「ぱっぱっぱっ」とか「ぷぷぷぷぷ…」などを子どもの顔の前で発すると喜びます。

☑ 指さししたら、こっちのもの

指さししたら、こっちのものです。空を指さしたら、「いいお天気だね。飛行機が飛んでるよ。鳥さんも飛んでるよ」と、どんどん話します。子どもと気持ちが通い合うように思えて、楽しいですよ。

Point　難しく考えなくてOK！

　喃語が始まると、かわいらしさも倍増。保育者として幸せをかみしめる毎日でしょう。クーイングや喃語への応答は、難しく考える必要はありません。赤ちゃんが発した音をまねしてくり返してください。「おしゃべりするの」「楽しいね」などの言葉がけもしてよいのです。「まんまんまん」などの言葉だけでも、心が通じ合えるような素敵な体験ができます。

　大切なのは、子どもの発信をこちらがしっかりと受け止めることです。指さしが始まったら、コミュニケーションは格段に楽しくなりますよ。

コミュニケーションにおける発達と援助

	発達	援助
2、3か月ごろ	・空腹や排泄など、身体的な刺激で快・不快を表現する ・大人の顔を見て微笑み、1人になると泣く ・ゆっくり動くものを、目で追う	・子どもの泣きを受け止め、優しく言葉で返す ・微笑には笑顔を返し、泣いたら抱き上げて応える ・子どもの視界で動くときは、ゆったりした動作を心がける
4か月ごろ	・人や物に手を伸ばす ・人の顔をじっと見る ・「ばーばー」「まあまあ」など喃語が出る	・手に触れるところに、握りやすいおもちゃを置く ・目が合ったら笑顔で応える ・子どもの発語をくり返し、受け止めたメッセージを伝える
6か月ごろ	・「いないいないばあ」に反応する ・感情の種類が増え、快・不快以外の泣きが増える ・見慣れた人の顔や声に反応する ・人見知りが始まる	・「いないいないばあ」であやす ・泣きの意味を一つひとつ丁寧に探って対応する ・日ごろかかわりのない大人は、急に抱き上げない

	発達	援助
9か月ごろ	・甘えて泣くことが多くなる ・相手の視線の先を追って同じ対象に注意を向ける、共同注意が始まる ・やりとり遊びを楽しむ 	・甘え泣きにはその都度丁寧に応答し、安心感を与える ・子どもが指さしたものを一緒に見て、「お花ね」などと言葉で返す ・「ちょうだい」「どうぞ」など、やりとりする遊びを取り入れる
1歳ごろ	・さらに好奇心が強くなり、探索活動が活発になる ・さまざまなことに挑戦したり自分でやってみたいという気持ちが強くなる ・「いや」と言いはじめる	・十分に探索ができるように、室内の環境を整え、安全な道を選んで散歩に出る ・「じぶんで」という意欲をうながし見守る ・「いや」は自己主張の表れと受け止め、子どもが思いを実現できるよう援助する
1歳半ごろ	・他の子どもに関心をもつ ・名前を呼ばれると返事をし、喜ぶ ・言葉より先に、手が出ることがある	・同じ遊びに誘ったり、手をつないだりという機会を増やす ・生活の中で名前を呼ぶ機会をつくる ・かみつき・ひっかきを防止しながら、「〜したかったね」と子どもの気持ちを代弁する

第3章 コミュニケーション

情緒を安定させる保育

◆ 情緒的なかかわり
　子どもが泣いているところに「泣かない、泣かない」と言ったり、子どもの笑顔に応えなかったりすると、子どもの気持ちは否定されたように感じます。どんな感情でも、そのまま受け止めることで、子どもは「自分の思いを理解してもらえた」と感じ、安心感を得られます。子どもが今どのような気持ちでいるかを受けとめるためのアンテナを張り、敏感になることが大切です。

◆ 遊びながらかかわる
　ケアの中でのかかわりはもちろん、遊びの中でのかかわりも子どもの心を育てるためには大切です。子どもが楽しいと思える遊びを提案し、子どもがやりたいと思う遊びが実現されるように援助しましょう。楽しく一緒に遊んでくれる保育者は、自然と子どもの心のよりどころになります。

◆ おしゃべりに応える
　0歳代の喃語やクーイングなどのおしゃべりに応えるのが難しいと感じる人もいます。赤ちゃんは意味のある言葉をしゃべるわけではないので、どうしても保育者がひとり言を言っているような気持ちになるのでしょう。しかし、こちらの言う言葉は必ず赤ちゃんに伝わります。意味は通じなくても、「あなたのことを見ている」「あなたを大切に思っている」という思いは伝わるので、自信をもって応えていきましょう。

第 4 章
遊び

生後数か月の子と うまく遊べません

生後2、3か月で首のすわらない子やお座りのできない子と、どんな遊びをしていいかわかりません。いろいろやってみますが、笑ってもらえません。

🐻 生後間もない子と遊ぶコツはありますか？
さまざまな遊びを本で学んでやってみるのですが、なかなか喜んでもらえません。

🐻 ふれあい遊びのレパートリーが少ないです
生後間もないころはふれあい遊びが大切ということはわかるのですが、遊びのレパートリーが少なく、いつも一緒です。

🐻 遊びと発達の関係を理解しきれません
どの時期にどんな遊びをしていいかわからず、毎日これでいいのかと悩みます。

先輩からのアドバイス

☑ 勉強あるのみ！

ふれあい遊びやわらべ歌は、本やインターネットを見て、常に勉強しています。動画サイトをのぞくと、いつも新しい遊びが発見できますよ。

☑ レパートリーよりも遊び方

レパートリーの多さよりも、遊び方、歌い方次第で子どもの反応は変わってきます。おなかをツンツンして喜んでくれたら、今度は、ほっぺやおしりのあたりもツンツンしたり、同じ歌詞でも高い声で歌うだけでなく、あえて低くてこわーい声にしたり、いろいろやってみます。

☑ じっと見てくれたら成功

あまり笑わない赤ちゃんも多いですよ。無理に笑わそうとせず、関心をもってくれたら成功！くらいに自分でハードルを下げています。

「反応がわかりやすい子に逃げる」はNG ✗

反応がわかりやすい子に逃げていませんか。喜んでいるかどうかわからなくても、あきらめないで。あまり反応がなくても、十分喜んでいますよ。

Point 無理に笑わせようとしない

　この時期の赤ちゃんは、泣いたり、むずがったりしていないときはご機嫌なのです。いつも笑っていなくては、楽しい気持ちにさせてあげなくてはと、気負う必要はありません。

　少し刺激を与えたいなと感じたら、ぜひふれあい遊びやわらべ歌を取り入れてください。「いないいないばあ」も万国共通で楽しめる遊びです。笑ってくれなくても、関心をもっているなら十分。笑うことで感情を表すのはもう少し先のことです。焦らず、ゆっくりかかわりましょう。

発達の差が大きくて一緒に楽しめません

寝返りをしたばかり、ハイハイを始めた子など、発達によって動きが大きく異なる0歳児クラス。みんな一緒に楽しめることを考えたいのですが、できることもまちまちで、どうしていいかわかりません。

🐻 それぞれの発達に合った遊びができません

発達がさまざまで、それぞれの子に合った遊びを考えるのが難しいです。

🐻 集中して遊べる環境がつくれません

0、1歳児クラスで、月齢の差が大きく、同じ部屋で集中して遊べる環境がつくりにくいです。

🐻 皆で楽しむ感覚も味わってほしいです

皆で一緒に遊ぶことも大切だと思うのですが、なかなかうまくいきません。

先輩からのアドバイス

☑ 発達ごとに、エリアを分けます

ハイハイの子のエリア、歩行の子のエリアとゆるやかに分けて玩具や遊びも変えています。ここから出てはいけないというわけではありませんが、子どもも発達ごとにできることや関心が異なるので、集中できるようです。

☑ 活動時間をずらしています

同じ部屋でそれぞれの発達の子たちが集中して遊ぶ環境がつくりにくい場合は、歩行の子が外遊びをしているときに、ハイハイの子が部屋を大きく使うなど、少しずつ活動の時間をずらしています。

☑ 「一緒」にという発想はもたない

そもそも、一緒に何か遊びをするということは考えていません。常に誰かが午睡をしたり食事をしたりしていますから。一人ひとりの発達や関心に合わせて、おもちゃも絵本も遊びも、毎月新しいものにしていますよ。

「みんな一緒に」はNG

できることが大きく異なる0歳児は、クラスという単位で活動を考えること自体、無理があります。一人ひとりの発達にあった遊びや活動を目指しましょう。

Point あえて取り入れるなら、感覚遊び

　先輩たちが言うように、0歳児クラスでは一緒に何かの遊びを楽しむということはあまり考えません。それよりも、一人ひとりに合った遊び・環境が保障されていることが大事です。

　それでも、あえてクラス単位で活動したいという強い希望があるなら、感覚遊びは比較的取り入れやすいでしょう。小麦粉粘土(アレルギーに注意)やツルツル寒天、ふわふわ布地など、触ったりなめたりして楽しむ活動は、その子なりの楽しみ方ができるうえに、皆で何かをしている一体感を味わえます。

絵本に興味をもちません

私のクラスの子どもたちは、まだ絵本に興味がなく、読んでも反応がありません。それでも、読み聞かせはしたほうがいいですか。

🐻 絵本の時間、誰も聞いていません

絵本を読んでも、すぐに別のおもちゃで遊ぼうとする子どもたち。絵本を持った私一人が、ぽつんと残されてしまいます。

🐻 絵本をなめます

絵本に興味はあるのか、手に取るのですが、なめて使えなくなってしまいます。

🐻 どんな本がよいか、わかりません

本の選び方が悪いから、興味をもてないのかなと思ったのですが、どんな本に興味をもつのかわかりません。

先輩からのアドバイス

☑ 1対1でゆっくり

抱っこを求めて、膝にのせたときに読むようにしています。この時期の絵本は、内容を楽しむというより、保育者と子どもとがコミュニケーションを楽しむためのツールだと思うので、まだ集団相手には読みません。

☑ なめてもいい素材、破れにくい素材を

ビニールカバーがしてあったり、厚紙でできていたりする絵本を使用しています。少し値段は高いですが、布製の絵本も子どもには人気で、めくったり、握ったりしながら楽しんでいます。

☑ 0歳児の視力、聴力の特徴を知る

絵の輪郭がはっきりしていて、カラフルな絵本を選びます。オノマトペ（擬音語・擬態語）が出てくる絵本は、言葉のリズムや響きがよく、子どもの耳に届きやすいのでオススメ！仕掛けがあったり、触って楽しんだりできる絵本も、子どもに大人気でした。

「何かのついでやすきま時間の絵本」はNG❌

絵本のための時間を特別につくりましょう。そうすることで、0歳児でも「何か特別な楽しいことが始まる」という期待感をもちます。

Point 絵本を介した時間こそ大切に

「絵本は心の栄養」と言われています。その理由は、絵本が伝える言葉・物語の世界が子どもの心を豊かにするということと、絵本を介した大人と子どもの時間そのものが、子どもの心を育てるということです。絵本の中身に興味がなくても、膝に抱かれて一緒にページをめくる時間を大切にしたいものです。

6か月を過ぎたら少しずつ、「絵本はなめるものではない」「投げたり破いたりしてはいけない」ことも伝えましょう。「絵本は楽しくて、大切なもの」という感覚が身につけば、その後ずっと絵本を大切にする子に育つでしょう。

0歳児の遊び環境が整っていません

0歳児が9人いますが、部屋が狭くて発達に合わせた遊びができません。園庭にはビオトープがあり、0歳児には危ないので、外に出すこともできなくて…。

ある!! ある!!

🐻 絵本やおもちゃが少ないです
園のおもちゃがあまりにも少ないです。手づくりで増やすのですが、これでいいのかと疑問です。

🐻 他の園にはあるような備品がありません
他の園にあるようなおもちゃや備品が少なくて、楽しめていないような気がします。

🐻 保育室が狭くて、かわいそう…
梅雨の時期や夏の暑い日、外にも出られずに狭い部屋にいると、子どももストレスがたまるのではと心配です。

先輩からのアドバイス

☑ 足りない、をアピール

会議の場などでなくても、日常会話の中で、「0歳児クラスのおもちゃ足りないんです〜」とつぶやきます。黙っていると足りていると思われますよ。

☑ やらずにあきらめるより、まずトライ

ずっと買いたかった備品、ダメもとで、来年度の予算立ての時期に申請してみたら、なんと通って自分でもびっくり。やらずにあきらめるより、まずトライですね。

☑ 園庭に置くガードを購入

危ないところに行けないようにするための、移動式のガードを買ってもらいました。これで園庭でも遊べるようになりました。

☑ ホールや廊下も活用して

雨の日や猛暑日で外に出られないときは、ホールや廊下も使って体をしっかり動かせるように工夫します。保育室が狭いことはわかっているので、皆で考えます。

Point　あきらめずに声をあげて

　特に新しい園では、環境面での不十分さが悩みの種ですね。手づくりおもちゃには限界があるし、予算をおもちゃに回せないということもわかっている…。子どもにとって最善の環境をつくりたいと願う現場の保育者ばかりが、胸を痛めることになります。それでも、あきらめずに声を上げ続けてください。
　優先順位をつけ、必要なおもちゃ・備品を金額と一緒にリストアップし、なぜそれが必要か、それがあると子どもにとってどのようなメリットがあるのかを説明しましょう。すぐには無理でも来年なら、ということになるかもしれません。

１日がなんとなく終わってしまいます

ミルクをあげて、おむつをとり替えて…。指導計画はあるものの、０歳児クラスだと、なんとなく１日が終わっているような気がします。

ある!! ある!!

🐻 指導計画はつくっているのですが…

指導計画はあるのですが、毎日の忙しさにバタバタで、なかなか計画を意識した保育ができません。

🐻 何かをしたわけでもなく…

３歳児以上の保育をしたときは、主活動があって、何をしたかがはっきりしていたのですが、０歳児クラスだと何をしたというわけでもないので達成感がありません。

🐻 指導計画を意識した遊びをするには

子どもたちは楽しそうに遊んではいますが、指導計画どおりに進めることができません。発達や成長を意識した遊びをさせるのが難しいです。

先輩からのアドバイス

☑ 1日の目標を確認します

クラスのチームリーダーを中心に、「今日の目標は、清潔に対する意識を」など、その日の目標を朝全員で確認します。シフトが終わるとき、目標に対する自己評価を簡単に共有すると、目標や計画を意識した保育ができます。

☑ 個人別月案で、発達の支援を

子ども一人ひとりに対する月案を立てています。その中で、健康・情緒・運動・社会性・認知などの項目ごとに、発達支援の計画を立てています。不十分なところは、先輩が教えてくれます。

☑ 遊びの中に学びの芽を見る

「この遊びで何が楽しいのかな？」と同時に、「どんな力が身につくかな？」「何を学べるかな？」という視点でも見るようにしています。すると同じ流れの日々のなかでも、子どもの小さな変化や成長に気づけるようになります。

「見通しを持たない」はNG

0歳児クラスであっても、目標や流れを意識することが大切です。場当たり的な援助や活動では、保育とは言えません。一人ひとりの発達を見通し、必要な援助を計画しましょう。

Point 一人ひとりの発達の道筋を意識して1日を過ごす

　主活動があり、「今日は〜をした」と振り返ることができる3歳児以上のクラスに比べると、0歳児クラスは「なんとなく」終わるように感じられるかもしれませんね。でも、一人ひとりの子どもを思い浮かべてください。この子は今日こんなチャレンジをした、この子はあんな体験をしたなど、必ず一つは1日の核となる出来事があるはずです。

　また個別の指導計画を立てておくと目指すべき地点が見え、援助の方法も自然にわかってきます。この積み重ねが、保育者としての力を向上させていくのです。

手遊びやわらべ歌が
いつも同じです

手遊びやわらべ歌のレパートリーが少なく、ワンパターンになってしまいます。楽しい保育ができていないかもと不安です。

🐻 歌が苦手で…
歌や音楽が苦手です。音痴というほどではないですが、わらべ歌を上手に歌えず、自信がもてません。

🐻 定番おもちゃ以外の アイデアがありません
ブロックや積み木は随分古いものを使っていて、子どもが退屈しているのではと心配になります。子どもが喜ぶおもちゃをそろえたいのですが、どんなものが好きなのか悩みます。

🐻 発達が見極められません
発達にあった手遊びなどをやりたいのですが、発達の段階を見極めるのが難しいです。

先輩からのアドバイス

☑ 上手下手より、楽しめているか

苦手意識のある保育者ほど、歌に自信のなさが現れます。楽しそうに歌っていれば、子どもも楽しみますよ。私はレパートリーを増やすために、わらべ歌の研修会に行きました。自分のリフレッシュにもなります。

☑ 観察で子どもの好みを知る

青いブロックばかり集めている子がいました。ブロックが好きなのかなと思ってよく観察していたら、ボールや車のおもちゃも集めはじめました。ブロック好きではなく、青い物が好きだったのです。子どもの好みは、一人ひとり違います。観察することで、子どもの喜ぶおもちゃを知ることができます。

☑ 難しいものより、なじみのあるもの

発達段階を意識して「この子にはそろそろこの遊び」と、一段階上のおもちゃや手遊びを提案しても、無反応なことが多かったです。そこで、なじみのあるもので、使い方や歌い方のアレンジをするようにしてみました。たとえば、積み木からブロックにするのではなく、大きい積み木から小さめの積み木に変えると興味をもってくれました。

> **「とりあえず知っているもの」はNG**
>
> 子どもの反応を予測をしないまま、自分が知っているというだけで遊びを提供していませんか？ 子どもたちの発達を観察して、最適な遊びを探りましょう。

Point　アンテナを張って、情報収集

　レパートリーが多いことのメリットは、そのとき、目の前の子どもたちの心にぴったりなものを提供できるということです。逆に言えば、たくさんの歌を知っていても、子どもの発達や好みを知ろうとしなければ楽しんでもらえないでしょう。
　レパートリーを増やすためには、常にアンテナを張って情報を集めることが大切です。手遊びノートをつくる、わらべ歌サイトをのぞく、保育雑誌を購読するなど、自分なりの情報収集のツールを見つけてください。自分のお母さん、おばあちゃんなども、掘り出し物のネタをもっているかもしれませんよ。

0歳児クラスの散歩はどうすればいい？

天気のよい日には散歩に連れていきたいのですが、0歳児クラスの子どもたちは発達がそれぞれなので一緒に連れていくのが難しいです。

🐻 園庭で遊ばせたいのですが…
0歳児クラスの子どもたちを園庭で遊ばせたいのですが、発達が異なるし目が行き届かないのではと思い、なかなか実現できません。

🐻 散歩はいつから行けますか？
首がすわったばかりの子でもお散歩に連れていっていいのでしょうか。

🐻 子どものストレスが心配です
部屋が狭いので、子どもたちのストレスがたまりそう。外に連れて行きたいですが、危ないでしょうか。

先輩からのアドバイス

☑ 災害時も意識して役割分担で

低月齢の子は、二人乗りバギーやおんぶ、抱っこで。お座りがしっかりできる高月齢児は4人乗りバギーで出かけています。災害時の避難も意識し、短時間ですが、雨の日も毎日、散歩に出かけるようにしています。

☑ 低月齢の子は、園庭にマットで

まだ低月齢の子は園庭にマットを敷き、その上で過ごします。気候のよいときは、そよ風が気持ちよくて、子どもたちもご機嫌になります。ただし、まぶしくないよう気をつけます。

☑ 芝生で、ハイハイ

ハイハイができるようになった子は、積極的に外で遊べるようにしています。0歳児の園庭には芝生が敷いてあり、ハイハイには最適です。子どもたちも気持ちよさそうです。

「歩けないからムリ」はNG

まだ歩けないからと部屋にこもらないで。0歳児こそ、散歩を含め意識的に環境を変えることが必要です。

Point 　積極的に戸外遊びを

　0歳児クラスも、積極的に散歩や外遊びを取り入れましょう。1日の中で決まった時間に戸外に出かけるのは、子どもの生活リズムをつくるうえでも有効です。自分で移動できない0歳児だからこそ、視界を変えたり、外の新鮮な空気に触れたりすることは、心地よい刺激になるのです。まだ首がすわっていないなら横抱き抱っこひもやベビーカーを使い、直接強い風があたらないようにタオルや毛布をかけます。また、戸外の明るい日差しに慣れていない0歳児は、日陰でもまぶしいことがあります。帽子やシェードなどを上手に使いましょう。

運動機能における発達と遊び

6か月未満

　首がすわったら、うつ伏せで視界の変化を楽しめるようにします。疲れてきたら、すぐにあおむけに戻しましょう。
　動くものに盛んに手を伸ばすので、手の届きそうなところにおきあがりこぼしやボールを置きます。手を伸ばす動きが、ずりばいやハイハイにつながります。

6か月〜1歳

　支えると座れるようになるので、保育者は子どもの背中側に座り、後方への転倒を防ぎます。
　9か月ごろからハイハイで移動するので、足の指がしっかり使えるように保育室の床はフローリングや畳にしましょう。マットで坂や段差をつくると、体全体を使った運動が可能になります。

1歳前半

　つかまらずに立ちあがれるようになり歩行が始まりますが、まだ障害物をよけて歩けないので床におもちゃが散乱しないようにします。押し車は、歩行の安定のために有効なおもちゃです。
　壁面のおもちゃは、これまでより少し高い所に取り付けておくと子どもの挑戦心をくすぐります。今までのおもちゃから難易度をあげることで変化をつけ、子どもの世界を広げていきます。

1歳後半ごろ

　歩行が安定するので、今度は逆にマットなどで不安定な足元をつくり、その上を歩く遊びで足腰の強化を図ります。つかまりながら段差を登ったり、体を小さくしてくぐったりと、多様な動きを保障する環境をつくりましょう。
　ボールを投げたり、蹴ったりも楽しい時期です。大きめの箱やかごにボールを投げ入れたり、転がるボールを追いかけたりという活動を取り入れてみましょう。

手指における発達と遊び

6か月未満

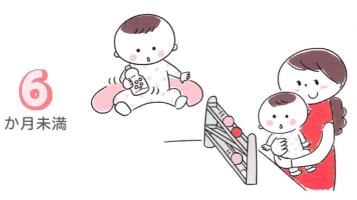

握ったものを振りますが、まだ自分の意思で手を離すことは難しい時期です。細い棒状のガラガラやペットボトルマラカス、優しい音が鳴るおもちゃが適切です。

ゆっくり動くものを目で追うので、スロープ転がしや風に吹かれる吹き流し、モビールやベッドメリーなどを準備しましょう。

6か月〜1歳

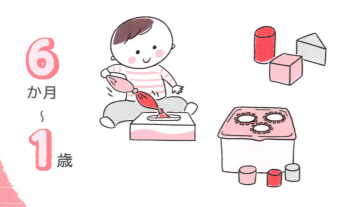

引っ張り出すおもちゃは、「中から何が出てくるのだろう」という好奇心を満たすとともに、腕の大きな動きにつながり、座位で遊ぶ時期の発達をうながすには最適です。同様の理由で、見えているものが見えなくなる、ぽっとん落としなども楽しめるでしょう。積み木は積むより崩す方が楽しめます。

1歳前半

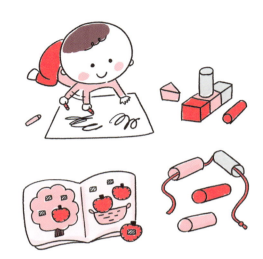

簡単な型はめや、大きめのひも通しなど、ものの大きさを意識した遊びを取り入れましょう。ふた回しやねじ回しは、手首の動きを発達させます。なぐり描きは手の動きの軌跡がはっきり残るよう、サインペンかクレヨンと、厚めで大きめの紙を用意しましょう。

指先の細かい動きも可能になってくるので、シール貼りなどつまんだり、めくったりする遊びもよいでしょう。

1歳後半

1歳前半で楽しんだシール貼りやひも通しも、シールや穴の大きさを少しずつ小さくして難易度を調整します。描画では閉じた円を描くことができ、それに「パパ」「ママ」などと意味づけするようになります。手指の力も強くなってくるので、柔らかい粘土を丸めたり、洗濯ばさみをつけたりはずしたりができるようになります。スナップやボタンのおもちゃは着脱の自立にもつながります。

0歳児クラスの読み聞かせ

ゆっくり、はっきり

基本は抱っこで1対1

ガタン、ゴトン、出発しまーす

順番やストーリーにこだわらない

めくりたがったら、やらせる

やりとりを楽しむ

0歳児クラスでは、絵本の内容より絵本を介して保育者と子どもがやりとりを楽しむことが大切です。ページの順番やストーリーにこだわらず、子どもと対話しながら自由に読んでください。温かい体温を感じながら優しい声で語りかけられる時間は、それだけで子どもの心を豊かに育みます。

☑絵本のセレクトポイント

- 視力が弱いので、輪郭がはっきりしていて、カラフルなものが見やすい
- 話の内容より、オノマトペなど、言葉の響きやリズムが楽しいものがよい
- いないいないばあの要素があるものは、子どもの予測の力を育てる

第 5 章

季節と行事

4月の信頼関係、どう築く？

3歳以上のクラスを受け持ったことはあるのですが、0歳児クラスを担当するのは初めて。言葉の通じない0歳児とどのように信頼関係を築いたらいいかわからず、不安です。

🐻 0歳児保育、不安でいっぱいです

0歳児保育は大学時代に実習でちょっと入っただけ。乳児に触れた経験もあまりないし、保護者対応も大変だと聞いたので、担当することが決まって不安です。

🐻 毎日クタクタです

おむつ替えから食事など、0歳児は一人ひとりに対応しなければならず、何でも時間がかかってしまいます。子どもを預かるだけで、毎日クタクタです。

🐻 新入園児の不安が伝染します

2年目の0歳児クラスの子どもたちにも新入園の子どもたちの不安が伝わってしまい、気持ちが不安定に。せっかく園生活に慣れたところだったのに…。

先輩からのアドバイス

☑ 知識はあとから

私も3月末に新クラス担任が決まって、0歳児と言われたときは焦りました。付け焼刃で勉強しても間に合わないので、とりあえず先輩の様子をまねして、子どもと仲よくなることだけを心がけました。

☑ 休息をしっかり取る

3歳以上児クラスとは根本的に動きが異なるのが、0歳児クラス。立ったり、座ったり、長時間抱っこしたりと慣れない動きに毎日クタクタでしたが、夏を過ぎるあたりから楽になってきました。慣れないうちは意識的に休息をしっかり取り、栄養のあるものをたくさん食べて健康管理に取り組みましょう。

☑ 持ちあがりの先生を

4月からもう一度0歳児クラスで過ごす子どもたちの心のよりどころとして、前年度担当の保育者を持ちあがりでつけています。2年目の子どもたちが安定して生活を送ることが、新入園の子どもたちの気持ちの安定に大きな影響を与えます。

「あたふた、あたふた」はNG

心の中は不安でいっぱいでも、笑顔でどっしり構えること。そんな保育者の姿を見て、子どもも「大丈夫なんだな」と安心することができます。

Point　保育者の落ち着きが、子どもの信頼を生む

　4月は変化の時期。新入園の子どもも多く、保育者の異動もあります。0歳児と信頼関係を築くためには、まず「お世話は決まった人がすること」が大切です。入れ替わり立ちかわり、さまざまな人がお世話にあたると、子どもと信頼関係を築くのに時間がかかります。それから、1日の流れや保育の手順を一定にすることも意識しましょう。生活の見通しがつくことで、0歳児も落ち着いて過ごせるようになってきます。決まった日課を保育者が落ち着きをもって進めていくことで、子どもの中に園生活に対する安心感が生まれてくるのです。

毎日雨ばかりで、みんな不機嫌です

毎日雨で外に出られず、狭い部屋で長時間過ごすので、子どもたちがなんとなく不機嫌です。雨の日でも気持ちよく過ごし、楽しませたいのですが…。

ある!! ある!!

🐻 同じ遊びの、くり返しです

雨の日や真夏の外出できない時期、同じ遊びのくり返しで子どもたちを退屈させているかもしれません。もっと室内遊びのレパートリーを増やさないとと思うのですが、なかなか難しいです。

🐻 小さな園なので室内で楽しめません

狭い園なので室内で体を動かしたり、快適に過ごしたりする工夫ができません。広い園がうらやましいです。

🐻 ぐずり出す子が増えます

雨の日はジメジメして何となく気持ち悪いせいか、ぐずり出す子や子ども同士のちょっとしたけんかなどのトラブルが増えます。つい、こちらもイラッとしてしまいます。

先輩からのアドバイス

☑ 園内探検ツアー

雨の日で外に出られない日だからこそする遊びに、園内探検があります。給食室や、職員室、ホールや5歳児の保育室などを、よちよち歩きやハイハイで巡ります。1時間くらいはあっという間に経ってしまいます。

☑ 雨の中で泥遊び

雨の中で泥遊びをするのが、私の園の伝統行事。「汚れてもよい服を持たせてください」とあらかじめ保護者にお願いしておきます。家庭ではなかなかやらせてあげられないと、保護者も楽しみにしています。

☑ タープで屋根を

キャンプのときに使うようなタープで園庭に屋根をつくり、その下で遊んでいます。まだ活動範囲が小さい0歳児クラスだからこそ可能な、梅雨の時期の戸外遊びです。

「雨だから何もできない」はNG

体を動かせない、楽しめない理由を雨のせいにしてはいけません。雨だからこそできることに目を向ければ、さまざまなアイデアがわいてくるはずです。

Point　雨ならではの楽しみをみつける

　雨だと外に出られないと思っているのは、大人だけかもしれません。レインコートを着せておんぶをしたり、歩ける子は長靴を履いて外に出てみては？　雨の音、におい、水たまり、カタツムリやカエルといった生きものなど、子どもが関心を抱くものはたくさんあります。ぬれた土や石なども、いつもとは違った表情を見せ面白いものです。

　歩けない子が多く戸外は難しい場合、テラスにマットを敷いて出るだけでも楽しいでしょう。柔軟な発想で梅雨のときしかできない活動を工夫してみてください。

水遊び、どうしたら楽しめる？

夏、水遊びの行事担当になりましたが、遊びの広げ方がわかりません。
0歳児が安全に楽しむための準備や片付けもどうしていいかわからず、途方に暮れました。

🐻 全員が参加できません
水遊びはその日の体調などで、全員参加が難しかったです。水遊びができる子、できない子、それぞれへ別の対応をしなければならず大変です。

🐻 なんとなく水に触れているだけに…
夏のプールの時間、0歳児はなんとなく水に触っているだけになってしまいます。これで楽しめているかな？と疑問です。

🐻 熱中症も心配です
暑い日が続くと、プールに入れたいけど、0歳児は体温調節が苦手なので、熱中症になったりしないか、反対に水で冷え過ぎたりしないか心配になります。

先輩からのアドバイス

☑ その子なりの水遊びを工夫

体調が悪くて水に入るのは無理でも、バケツやたらいにはった水でぱちゃぱちゃして遊ぶことはできます。水に入って遊んでいる子が視界に入ると自分も入りたくなるので、離れたところで保育者がついて遊びます。

☑ 水へのかかわり方は、それぞれ

プールのそばに連れていくと、じーっといつまでも動かない子がいました。よく見ていたら、水面のさざ波や光を見て、触ろうとしているようでした。水へのかかわり方は、子どもそれぞれなんだなと思いました。

☑ 直射日光は避ける

0歳児の肌は紫外線で赤くなることがあるので、プールは日陰に置くようにします。また、水遊びは体力を使うので、子どもの顔色や肌に触れたときの温度などを確認したりして、長時間水につかるのは避けるようにしています。

☑ 準備の基本、これだけはしっかり

プールに水をためるのは、朝一番で。冷たい水道水は気持ちがいいかもしれませんが、体に負担がかかります。プールの下にはマットを敷き、園庭の土に直接触れないようにします。土や砂が水に入ってしまうのを避けるためです。じょうろやバケツなどの道具は数を確認し、危なくないかチェック。水でふやけると皮膚が傷つきやすくなります。

Point　水に触れる体験を

　0歳児クラスの水遊びは、ビニールプールを広げてプールの外からコップやじょうろで遊ぶのが一般的。排泄の自立はまだなので、皆で一つの大きなプールに入るのは衛生上、避けます。

　0歳児は感覚遊びが大切な時期ですから、水で何かをするというより、水に触れてその感触を充分に味わう機会を保障したいものです。じょうろやバケツなど、水の形を変える道具があると、さらに関心を引くことができるでしょう。プールがない場合はホースで霧状に水をまき、その下で遊んでも十分楽しめます。

0歳児でも運動会や発表会は必要？

0歳児クラスの運動会や発表会、何をしていいか悩みます。人が大勢集まるので泣き出す子もいるし、ざわざわした雰囲気に驚く子もいます。そもそも0歳児で運動会や発表会をする意味があるのでしょうか。

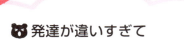

🐻 発達が違いすぎてまとめられません

0歳児クラスは特に発達が違いすぎて、運動会、発表会といっても、クラスみんなで一緒に同じことをするのが難しいです。

🐻 0歳児、発表できることがありません

0歳児クラスの行事、できることも少なくてネタに困ります。0歳児はいるだけでかわいいので、ついついかわいい衣装を着せることに逃げてしまいます。

🐻 子どもが喜ぶような行事が、思いつきません

0歳児クラスの運動会や発表会、子どもにいつも泣かれてしまいます。楽しめることが思いつきません。

先輩からのアドバイス

☑ 発達ごとに演目を変える

ハイハイの子の演目、歩けるようになった子の演目など、0歳児クラスの中でもいくつかの演目を設定します。無理に全員同じ演目に参加させることはしません。

☑ 3歳以上とは別枠で

大勢の知らない人の前に出ると泣いてしまうので、園全体の行事には参加しません。その代わり、クラス単位でこぢんまりとした発表会を企画し、歌ったり、踊ったりしています。

☑ 保護者と一緒に

運動会では、保護者と一緒に競技に参加しています。おんぶレースや親子ダンスなどはとても好評でした。子どもも安心して、いつもとは違う行事の雰囲気を楽しむことができます。

「見世物」はNG

子どもにキャラクターの衣装を着せて舞台にあげたり、ポンポンを手首につけて振らせたりするのは、かわいい姿を保護者に見せるだけで子どもにとって発達に必要な経験になりません。

Point 「子どもにとって」を考える

　園の一大行事として位置づけられている発表会や運動会。第一に考えなければならないのは、子どもにとってどのような学びや育ちの経験になるかということです。大勢の人たちを前にして、怖くても舞台から降りられなかったり、手を振っている保護者が見えるのにそばに行くことができないなら、0歳児にとっては苦痛以外の何物でもありません。

　子どもが無理なく楽しめる行事でないなら、思い切って参加はやめましょう。保護者と観客席からお兄さんやお姉さんの活躍を見るのも価値ある経験です。

行事の準備や進行が憂うつです

運動会や発表会の準備では、やることが多く、行事当日はたくさんの人の前で話をしなければなりません。人前で話すのが苦手なので、行事のことを考えると、憂うつになります。

🐻 季節の行事、準備に時間がかかります

やることを決めたり、備品を用意したり…。以前はどんなことをしていたのかもわからず、不慣れなこともあって、とにかく時間がかかります。

🐻 準備不足のまま、本番に

保育重視にならざるを得ない低年齢児担当で、行事の準備をできずに本番になってしまい、どうしたらいいかわかりませんでした。

🐻 行事の仕事に、やりがいをもてません

先輩にお願いしたり、主任の許可を取ったり、保育とは関係ない作業が多いです。やりがいを感じて進められません。

先輩からのアドバイス

☑ 前年度の担当者に聞く

一から自分ですべてやるのではなく、過去の経験者にどんな準備をしたのかたずねます。そしてこの時期にこんな準備を、などというタイムスケジュールに落とし込んで進めます。

☑ 本番までの見通しを立てシフトを調整

行事の準備は、保育の合間にすることではありません。本番までに何をどのように準備するのかを書き出し、それに費やす時間を計算してリーダーにシフトを調整してもらいます。

☑ 裏方の仕事も「子どものため」

裏方仕事が保育より面白くない、という人は多いでしょう。でも、子どもや保護者に楽しんでほしい、思い出に残る1日になってほしいと思うことで、裏方仕事の意義も変わってくると思います。

☑ 本番前には、イメージトレーニング

人前で話すのが苦手な私は、イメージトレーニングが必須です。お風呂の中で「本日は、子どもたちのたくましく成長した姿をご覧になってください」などと大声で、当日をイメージしながらしゃべるリハーサルをしています。

Point 「仕事の幅を広げるチャンス」ととらえる

「行事の準備を任せる」ということは、「その保育者に期待している」ことでもあるということを知ってください。皆が楽しめる企画を考える、関係する人々と協議し打ち合わせをする、サポートを得る、予算の中で必要なものを購入する…。一度行事を担当すると、園での仕事全体に対する視野が広がります。慣れない仕事で憂うつかもしれませんが前向きに受け止めて。そして、一人で抱え込むのではなく、先輩や同僚の力をたくさん借りてください。やり終えた後は、達成感や一歩成長した実感を得られるはずです。

「今日は寒い！」と思ったのに、子どもは汗をかきました

ちょっと寒いかなと思う日に汗をかくなど、0歳児が快適に過ごせるちょうどいい室温がわからないことがあります。0歳児が快適に過ごすための環境の目安はありますか。

🐻 風邪気味の子がいるときの室温に悩みます

冬は風邪をひいている子もいるので、少し暖かくしたほうがいいのかなと迷います。風邪や感染症を予防するためには、どんな環境にすればいいですか。

🐻 暑いの？ 寒いの？

ハイハイして汗をかいたり、でも足は冷たかったりして、どの程度着せたらいいか悩みます。

🐻 冬でも裸足でハイハイ、大丈夫？

気がつくと、いつも靴下を脱ぐ子がいます。元気にハイハイで動き回っているのですが、足を触ると氷のように冷たいです。

先輩からのアドバイス

☑ こまめに換気

感染症予防のためには、部屋の温湿度を整えることはもちろん、特に換気に気をつかいます。子どもの鼻水をふいた後は、その都度手指の消毒をしています。

☑ 末端で判断しない

手足など外に出ている部分は冷たくなりがちですが、末端で判断はしません。背中や首元に手を入れて、体が冷えていないか、暑すぎて熱がこもっていないかを確認し調整するようにしています。

☑ 床面が冷えない工夫を

足先は、紫色に変色すると寒すぎのサインですから靴下をはかせます。古い園舎だと、床面が冷え、大人より低い位置にいる子どもは気づかないうちに体が冷えることがあります。カーペットを敷いたり、畳マットを敷いたりして工夫します。

「大人基準」はNG ✕

体が冷えがちな大人は、冬の室温20℃を寒く感じることが多いもの。しかし、体温も高めで活発に全身を使って動く子どもには適温です。子ども基準で調整をしましょう。

Point　活動量で、環境を調整

保育室内の室温は、夏場は26～28℃、冬場は20～23℃で、湿度約60％が適切とされています※。季節を通じて、外気温との差が2～5℃以内になるように調節し、1時間に1回程度、換気を行います。大切なことは、温湿度計の数字だけを気にするのではなく、子どもの活動量と温湿度の関係を考えることです。

自力で動き回れない低月齢児であれば衣服は大人より1枚多めにしますが、ハイハイや伝い歩きなどで活動量が増える高月齢児は、大人より1枚少なめを心がけます。1歳を過ぎれば、積極的に薄着で過ごせるように心がけましょう。

※参照『保育所における感染症対策ガイドライン』（厚生労働省，2018年改訂版）

季節ごとの保育のポイント

春

新入園児が多く、不安と混乱

- 生活リズムを一定にして、1日の見通しをつけられるように
- いつもの遊び、お気に入りのおもちゃでじっくり遊べるように
- 子どもにわかりやすい環境づくり
- 保育者は無駄な動きをやめ、わかりやすくシンプルな動きを

夏

園生活に慣れ、好奇心いっぱい

- 自然に触れ、五感を刺激する活動を実施
- ときには新しいコースでの散歩も
- 室内でも熱中症の危険があるので、気温が高い時期は慎重に
- こまめな水分補給を心がけ、室温は26〜28℃に

秋

個性を発揮し挑戦ができる

- 積極的に外に出て自然の変化を楽しみながら、この時期ならではの活動を
- レイアウトや装飾などを工夫し、新鮮な気持ちで子どもが環境を探索できるよう保育室の環境に変化を

冬

節目を迎える準備を

- まだハイハイができない0歳児がいる場合は、幼児クラスより2、3℃高めの室温に
- 全員自力で移動するようになったら、室温は20〜23℃に
- 湿度は約60％を維持してインフルエンザなど感染症に注意

第 6 章
保護者との連携

プライベートなことを聞かれます

「先生は彼氏いるの?」「どこに住んでいるの?」など、プライベートなことまでたずねる保護者がいて、困っています。感じが悪くならないように、うまく対処するのが難しいです。

🐻 長々と話しかけられます

子どもとは関係ない、プライベートな話まであれこれとしゃべるお母さん。仕事が残っているので切り上げたいのですが、タイミングがわかりません。

🐻 他の子どものことを聞かれます

「○○くんって××って聞いたんだけど……」など、他の子どもの情報を知りたがる保護者がいます。しつこく聞いてきて、かわすのが大変です。

🐻 仕事終わりの姿を見られました

仕事終わりに立ち飲み屋で一杯やっている姿を目撃され、保護者の間でうわさになってしまいました。

先輩からのアドバイス

☑「保育に戻る」とはっきり言う

深刻な相談内容でないなら、「すみません、保育に戻らなくてはならないので」とはっきり伝えます。深刻な内容や保護者の不安が強いときは、「改めてお話のお時間をつくりましょう」と対応します。

☑ 子どもや家庭の情報は話さない

「知らないんですよ〜」とやわらかく突っぱねるか、「知っていてもお話しできないんです」と伝えます。特に子どもの家庭の情報については、守秘義務があるので漏らさないように気を配っています。

☑ プライベートは離れた場所で

保育者はどこで誰に見られるかわからないので、プライベートで楽しむ際は園の周辺を離れるようにしています。子どもを預かり育てる仕事なので、勤務外なら何をしてもいい、というわけにはいかないと覚悟しています。

「中途半端な対応」はNG❌

黙ってしまったり、「え〜と、どうしよう」と困ったそぶりを見せたりするのはやめましょう。関係が悪くならないように言葉には気をつけながら、笑顔ではっきり伝えます。

Point 上手にかわす術を身につける

「話しやすい」と思われ会話がはずむようになると、次第に話題が保育から離れていきがちです。そんなときは「それは、ヒミツです！」とおどけて流したり、「車で30分くらいのところです」などとぼかしましょう。

こちらから「今日のＭくんは…」と子どもの素敵なエピソードを切り出して保護者の詮索をかわすのも有効です。自分の子どもの話で盛り上がることができれば、保育者のプライバシーに踏み込んでくることはなくなりますよ。

対応が難しい要望へ どう返事すればいい？

アレルギーがあるわけではないのに、家族にアレルギー保有者がいるから念のため除去食をつくってほしいと、保護者から要望がありました。対応できない要望には、どう伝えたらよいでしょうか。

🐻 他の園を引き合いに、要望を出されます

「○○園では英語を教えている。うちでもやってほしい」と保護者から要望がありました。うちの園の理念を理解して入園したはずですが…。

🐻 保護者間のトラブルを園に持ち込まれます

保護者同士でトラブルがあったようで、他の保護者へのクレームを「先生から○○さんに伝えてよ！」と言われました。

🐻 食材や調味料を指定されます

上の子にアレルギーがあり、食べ物や添加物に敏感な母親がいます。「心配なので、食材はこれ、調味料はこれとこれを使ってください」と言われました。

先輩からのアドバイス

☑ 違う解釈を示唆

他の保護者へのクレームに対しては「私から言うのもおかしな話ですから…」とやんわり断りつつ、「○○さんは～なつもりだったのかもしれませんよ」と悪気のない違う解釈をさりげなく伝えます。

☑ 改めて園の理念を伝える

園の理念と違うことを求めてきているようであれば、「うちの園では、早期教育よりも子どもの主体性を育む保育を大切にしています」などと、改めて伝えます。対応ができないことについてはきちんと理由も説明するようにしています。

☑ 安全な食品を使っていると説明

給食でどのような食材や調味料を使っているか丁寧に説明して、安心してもらい、食材や調味料の指定はできないことを伝えています。どんな食材を使っているかがわかれば、納得する場合が多いです。

「あいまいな態度」はNG

「できるかどうか、調理室に聞いてみますね…」などとあいまいな態度や調理室に責任を転嫁するような言動はやめましょう。わかっていることがあれば、その場で伝えます。

Point 一緒に考える姿勢で対応する

「それはできません」と最初に突き放してしまっては、保護者も気持ちを害します。なぜそのような要望を抱いているのか、他に方法はないのか、まずは一緒に考える姿勢で対応しましょう。

アレルギーが子どもに遺伝しているのではないかと心配する保護者には、専門医の受診をすすめます。医師の指示書があれば除去食に対応できること、子どもの発達、発育のためには素人判断で除去食を与えることは悪影響であることも伝えましょう。園のルールを押し付けると、園への不信につながります。

保護者が連絡帳を書いてくれません

忙しいのか、連絡帳にはいつも「今日も変わらず元気でした」のひと言だけの保護者。どうコミュニケーションをとればいいのか悩みます。つい、たくさん書いてくれる保護者とばかり親しく話します。

🐻 連絡帳を出しません

そもそも連絡帳を毎朝持ってきてくれません。言うと、時々思い出したように持ってくるのですが空白だらけ…。

🐻 連絡帳を書く人と、お迎えの人が別です

連絡帳を書くのは母親、お迎えは祖父母という家庭。家庭の中でうまく情報共有できておらず、忘れ物などが目立ちます。

🐻 返事がなく不安になります

連絡帳に、その子の園での様子や成長の記録を書きますが保護者から返事がありません。もっと家での様子を知りたいのですが…。

先輩からのアドバイス

☑ 連絡帳が必要な理由を伝える

月齢の低い子は、家庭での生活リズムや食事、排泄などを把握しておかないと保育が難しいということを伝えます。連絡帳の意味がわかるときちんと書くようになる場合もあります。持ってきたら、感謝の言葉を言います。

☑ 付箋で持ち物連絡を

お迎えの人に「明日の持ち物」を伝えても忘れがちな家庭には、連絡帳に付箋をつけて渡します。子どもの準備をする人に連絡事項が確実に伝わるよう、どうしても伝えなければならないときは、電話をすることもあります。

☑ 必要な情報は、直接たずねる

連絡帳は子どもの園生活がスムーズで楽しいものになるために、園と保護者が連絡を取り合うものです。どうしても必要な情報は口頭で保護者から聞けばいいので、連絡帳への記入を家庭に求めることはありません。

「書いてくれて当たり前」はNG

保育者が連絡帳に子どもの姿を書くのは当たり前ですが、保護者の記入はあくまでも任意。書くことが当たり前とは、思わない方がよいでしょう。

Point　保護者が記入しやすい工夫をする

　書くことが苦手な保護者は、連絡帳のひと言も負担に感じています。「もっと書いてください」と伝えるのは逆効果。保護者が書きやすいように工夫しましょう。

　毎日の子どもの様子の欄に散歩の様子を記入したなら、「ご家庭でのお気に入りのお散歩コースも教えてくださいね！」と締めくくったり、「園では積み木がブームですが、ご家庭ではいかがですか？」とたずねてみたりしましょう。返事を書いてくれたら「お返事ありがとうございます。○○ちゃんのご家庭での様子を知ることができてうれしいです」と返すことも忘れずに。

挨拶を返さない保護者がいます

こちらから挨拶をしても返事がなく、目も合わせない保護者がいます。正直、とても話しかけにくく、うまく関係が築けません。どうすれば心を開いてもらえるでしょうか。

🐻 口調がキツい保護者が苦手です

口調がキツくて、いつも怒ったようなしゃべり方をする保護者がいます。その人に話しかけられると、つい身構えてしまいます。

🐻 他の保育者とはにこやかなのに…

いつもツンとして、「苦手だな」と思う保護者がいました。でも先輩保育者とはにこやかにしゃべっているのを目撃！ 私は嫌われているのでしょうか。

🐻 保護者も保育者、やりにくいです

同業者で、しかも年上の先輩。こちらの仕事の仕方を全部チェックされるのではないか、やり方が違うなどと注意されるのではないかと気になり、やりにくいです。

先輩からのアドバイス

☑ 身構えるより、笑顔

キツい言い方も、本人にとっては普段のしゃべり方なのかもしれません。思い切って笑顔で話しかけてみたら、第一印象に反してあたたかい人柄だったことを知りました。

☑ 先輩から情報収集

にこやかに会話する先輩から、どんな話題で盛り上がったのか聞きました。次に会ったとき、同じ話題で話しかけてみると、楽しく話してくれました。勝手に自分で苦手意識をもっていたのかもしれません。

☑ むしろ味方と考えて

同業者の保護者は、批判者ではなくむしろ味方になってくれますし、こちらの立場がわかる理解者でもあります。こちらから心を開き、たくさん話ができる関係をつくるといろいろアドバイスしてもらえます。

> 「苦手意識をもつ」はNG ❌
>
> 苦手だな、と思っていると、つい表情や態度に出てしまいます。苦手意識はできるだけ克服するか、あえて気にしないように心がけ、笑顔で対応しましょう。

Point 「挨拶、プラスα」で、心を開く

ツンとそっけない保護者は「何を話したらいいかわからない」と戸惑ったり、「子どものことで注意されるのではないか」と警戒したりする場合があります。仕事や家庭のストレスがあるのかもしれません。さまざまな可能性を考慮したうえで、挨拶にプラスしてポジティブな言葉をかけましょう。

「頑張り過ぎないようにしてくださいね」といった相手を思いやる言葉や「今日Ｙくんが一瞬つかまり立ちをしたんですよ」など、子どもの成長が見える言葉をかけると、少しずつ気持ちを和らげてくれるでしょう。

保護者対応の基本

● 自分から挨拶

保育室の中から姿が見えたら出迎える準備をし、こちらから「おはようございます」「おかえりなさい」と笑顔で挨拶をしましょう。

● 目を見て、丁寧な言葉遣いで

保護者には年齢にかかわらず敬語を使うのが基本です。過剰に謙遜する必要はありません。相手の目を見て、丁寧な受け答えを心がけます。

● 保護者の様子にも注目

保護者の様子にもそれとなく気を配り、疲れている様子が見られたら「お疲れではないですか」とひと言声をかけましょう。

● 子どもの姿を具体的に

園での子どもの様子を丁寧に伝えましょう。それによって保護者は、自分の子が大切にされている、よく見てもらっていると安心します。

保育は、保育者だけではできません。保護者が園の保育を理解し協力してくれるからこそ、よりよい保育が可能になるのです。保育者には保護者の子育てを理解し、支援する役割もあります。子育てのパートナーとして理解し合いながら、よりよい保育を目指しましょう。

不満などの訴えがあったら

保護者から方針に不満があるなどの訴えがあった場合には、いったん受け止め、「確認してお返事します」と返事は保留にします。結果として意向に沿えなかった場合も、丁寧に対応することで訴えを受け止めてもらえたと感じ、納得することが多いものです。

第 7 章

職場で

連絡帳に書くことがありません

0歳児は日々あまり変化がないので、連絡帳に書くことがなく、どうしていいかわかりません。できるようになったことがあると、書けるのですが…。

🐻 同じような内容になります

子どもの様子をうまく表現できず、「お散歩に行きました」「こんな遊びをしました」など、毎日同じようなことを書いています。

🐻 記入量に差が出てしまいます

担当の子どもの中でも、たくさん報告することがある子と、とくに変化のない子で報告する量が偏ります。なるべく同じぐらいの量で書きたいのですが……。

🐻 書き方の「正解」がわかりません

先輩保育者の連絡帳をお手本に書いていますが、人によって書き方が違うので、どれをお手本にすればいいか、迷います。

先輩からのアドバイス

☑ 子どもの興味にフォーカス

できるようになったこと、という視点だと、毎日変化を探すのは大変ですが、子どもが関心をもったことやチャレンジしようとしたことを見つけるようにすれば、必ず毎日気づきがあるはずです。

☑「何を」ではなく「どんな風に」

「積み木で遊んでいました」だと毎日同じような書き方になります。「集中して積み木をきれいに並べました」など積み木で「どんな風に」遊んだかという視点で観察すると、小さな変化に気づけるようになります。

☑ いいとこ取りで、ブラッシュアップ

先輩たちが書いた連絡帳を見て、「あ、この表現いいな」「まねしてみたいな」と思ったところだけを、先輩たちの連絡帳から盗めばいいのです。そうしているうちに、自分なりの書き方がつかめるでしょう。

> 「今日も元気に過ごしました」はNG ✗
>
> 元気に楽しく1日過ごすのは当たり前のこと。具体的なエピソードを交えて、子どもの園生活がイメージできるような記述を目指します。

Point エピソードを書く意識をもつ

　保護者が読んでうれしいのは、園でわが子がどのような経験をしたかがわかる連絡帳です。「今日は〜へお散歩に行きました」「〜遊びをしました」といった記述では、何も伝わりません。
　お散歩でその子が何を発見したのか、遊びの中で何に興味をもち、チャレンジしたのか、具体的なエピソードを書く必要があるでしょう。エピソードを書ければ、いつも同じ内容という悩みも解消されるはずです。1日のなかで印象的な出来事はすぐメモすることで、記入の時間を短縮することができます。

担当以外の子の様子がわかりません

担当制なので、自分の担当以外の子どもの様子がよくわかりません。日誌を書くときにはクラス全員の子どもについて書かなければならないのに、どうしても自分の担当の子に内容が偏ってしまいます。

ある!! ある!!

🐻 一人ひとりじっくり見られません

担当する子どもが増え、一人ひとりをじっくり見て、日誌や連絡帳を書けません。丁寧にかかわりたいと思うのですが、十分な時間がなく悩んでいます。

🐻 何を伝えればいいかわかりません

急に休むことになった際の引き継ぎが気になります。何を伝え、どう準備すればいいかわかりません。

🐻 お休みの保育者の担当の子の連絡帳、どう書いたら…

先輩保育者がお休みのときに、担当の子についてあまり知らされておらず、どう接したらいいか、日誌や連絡帳に何を書いてよいかわからず、途方に暮れました。

先輩からのアドバイス

☑ ミーティングで全体共有

担当制保育ですが、月に1回はクラスミーティングを開き、すべての子どもの発達や課題について共有しています。パートさんも含め、担当以外の子どもについても最低限の情報を得ておくよう日ごろから心がけています。

☑ 日誌は偏ってよい

日誌はクラスの保育者が順番に書くので、自分の番は自分の担当の子ども中心に書きます。順番に書くことで、1か月単位で見れば、すべての子どもの様子が記入されます。

☑ 個別月案は全員分を確認

他の保育者の個別月案も、すべて目を通すようにしています。1日だけ急に担当しなければならなくなった際に、以前の成長の様子がわかっていると安心して対応できます。

☑ 全員が引き継ぎマニュアルを作成

急に休まなければならないときのために、簡単な引き継ぎマニュアルをあらかじめ保育者全員が書いています。また、全員がどの仕事でもできるよう、一人に事務仕事を集中させずに持ち回りで担当しています。

Point 　**視野を広くもち、クラス単位で情報共有する**

　事前に引き継ぎができない場合もあります。そんなときのために、日ごろからクラス単位での情報共有が欠かせません。クラスミーティングや個別の指導計画などを有効に活用することはもちろん、視野を広くもち、自分の担当以外にも目を向けておきたいものです。担当制保育は一人ひとりの子どもにきめの細かい保育を可能にするためのシステムですが、担当以外をおろそかにしてよいわけではないのです。事務仕事についても、自分の役割だけでなく、周囲の人の仕事にも関心を寄せていれば、いざというときに慌てなくて済むでしょう。

保育者間の情報共有が難しい……

複数担任で子どもを見ているので、情報共有が難しいです。今やること、今はやらないこと、その日の流れなど、なかなか共通認識で動けません。きちんと決めないと、自分も子どもも困るので、どうにかしたいのです。

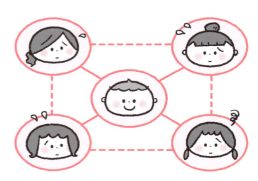

🐻 伝えたはずなのに、伝わっていませんでした

やることについて、事前に話し合って決めたのに、当日になって聞いていないと言われました。誰かが伝えているだろうと思って伝え忘れたようで、とても焦りました。

🐻 まとめる人がいません

複数担任なので、その週のリーダーを決めて保育を進めていますが、なかなか機能せず個々で保育をしています。しっかり方針を決めたいのですが…。

🐻 話し合う時間がありません

保育と事務仕事に追われ、保育者間で話し合う時間が十分にもてません。問題が起きた際にどうすべきか悩みます。

先輩からのアドバイス

☑ ホワイトボードを活用

1日の流れと役割分担を書き込むホワイトボードを利用しています。週のリーダーが記入役で、できる限り前日に書き込んでおきます。朝出勤したら、自分の動きとその日にやらなければならない仕事が書いてあるので、動きやすいです。

☑ 回覧ノートで情報チェック

伝え漏れがないように、大事なことはノートに書き込み、読んだらサインをしています。クラスのノートと、園全体のノートの2冊があり、保育に入る前に確認することが義務づけられています。

☑ リーダーの仕事を可視化

リーダーの仕事を一つひとつ書き出し、なんとなくで進んでいた仕事を可視化して共有しています。そうすると、それぞれがすべきことがわかりやすくなり、効率的に仕事が進むようになりました。

☑ 思い切って提案しました

話し合いの時間がとれない場合、「話し合いの時間をとりませんか」と提案してみるのも一案です。その際、自分が今困っていること、話し合いたいことを明確にしておきます。

Point　意識的に情報共有の場を設ける

複数担任が基本の0歳児クラスでは、保育者一人ひとりの出勤時刻も異なり、なかなか皆でそろうタイミングがありません。だからこそ、意識的に情報共有の機会をつくりましょう。午前中に5分でもミーティングの時間をもったり、ホワイトボードに1日の流れを書き出してみてください。朝のミーティングをもつ場合、その場で「話し合う」のではなく、「決めたことを確認し合う」場にすることがポイント。進行やまとめ役は週のリーダーの保育者が担当し、相談することは各自事前にまとめておきましょう。

先輩保育者にお願いしにくいです

自分がリーダーの週に、先輩保育者にお願いするのが難しいです。なかなか自分の意見を言えず、先輩も忙しそうなので、結局自分で仕事を抱えこんでしまいます。どうしたら素直に頼めますか？

🐻 聞きたくても聞けません
保育のことで相談したくても、皆仕事が忙しいことがわかっているので、なかなか相談しづらいです。

🐻 先輩たちの仲が悪いです
保育観の違いや、優先順位が違うことで、先輩保育者同士がよく対立しています。子どもに影響しそうで心配です。

🐻 上下関係が厳しいです
先輩保育者が体育会系なので、上下関係がとても厳しいです。言葉の裏を読んで、前もって行動することや、気分を読んで話しかけることが大変で、毎日疲れます。

先輩からのアドバイス

☑ 今度、相談に乗ってもらいたいのですが

忙しそうで聞きにくい場合は、「今」ではなく、「お時間のあるときに」相談に乗ってほしい、という姿勢で話します。すると先輩も、自分の仕事の余裕のあるときを教えてくれるので、負担感も軽くなると思います。

☑ どんな仕事でも必要なスキル

相手の気持ちをくんで行動したり、言われる前に動いたりするのはどの仕事場でも必要なスキルです。ご機嫌取りは必要ありませんが、相手の気持ちを想像することは、人間関係をよくするためにも、必要なことだと感じています。

☑ お互いの良さを橋渡し

先輩同士の対立は、対処しにくいですよね…。新人にできることは、「○○先生のあのときの声かけ、勉強になりました」「△△先生の手遊び、子どもたちのってましたね」など、お互いの良さをさりげなく伝えることだと考えます。

☑ "迷惑をかけない"が迷惑になることも

迷惑かけないように、と新人さんは気をつかって全部の仕事を引き受けがちですが、かえって時間がかかり、効率も悪いので逆に迷惑。ぱっぱっと割り振って、みんなで協力してスピーディに終わらせた方がありがたいかも。

Point　「お願いしにくい」原因を探ります

　なぜ「お願いしにくい」のか、その理由を考えましょう。自分の性格の問題なのか、先輩が忙しそうなときに仕事を増やすことが心苦しいのか…。
　前者の場合、社会人として仕事を遂行するうえで必要なスキルが足りないわけですから、意識的に自分の性格を改善する必要があります。後者の場合、仕事がうまく進まないのですから無用な気づかいです。他にもさまざまな「お願いしにくい」原因があるでしょう。大切なことは、いったんその状況を離れて、客観的に原因を探る姿勢をもつことです。

何かと緊張します

もともと人見知りの性格なので、子どもと仲よくなるのも緊張します。先輩保育者や保護者と話すときはさらに緊張し、言いたいことを言えないので悩んでいます。

🐻 話題がない……

先輩保育者たちは事務仕事のときに楽しそうに雑談したり、会話をしたりしながら作業していますが、何を話していいかわからず、相づちを打つだけです。

🐻 理解してもらうのに時間がかかります

緊張して話せないだけなのに、無愛想で感じが悪いと思われます。こういう性格だと理解してもらえた後は、うまくコミュニケーションが取れるので、早く変わりたいと思ってはいますが難しいです。

🐻 自分の仕事に集中してしまいます

自分の事務仕事をすると集中しすぎてしまい、先輩に仕事の報告をし忘れます。後で進捗を聞かれることも多く、もっと気配りができるようになりたいのです。

先輩からのアドバイス

☑ 仕事を始める前に、やることリスト！

私も、報告を忘れるどころか時間も忘れて作業をしてしまう癖がありました。そこで、仕事を始める前に「やることリスト」をつくり、目の前に貼って取り組むようにしました。

☑ 「緊張しちゃって、すみません」

やる気がないとか、つまらなそうと思われないために、口癖のように「緊張していて…」と言っています。でも、いつまでも使える言い訳ではないので、できるだけ早く緊張せずに話せるように努力しています。

☑ 簡単な話題でOK

自分の親世代の先輩保育者と、何を話せばいいのか私も最初は戸惑いました。でも、小さなところから話題を見つけて話しかけることを心がけました。天気の話題でも、コミュニケーションのきっかけとしては役に立ちますよ。

「察してもらう」はNG

自分の人見知りを、相手に察してもらうのを期待しないでください。客観的に自分をとらえつつ、苦手を克服する努力をしましょう。

Point 「私、〜なので」と宣言する

　自分の性格を理解し克服しようとすることが大事です。そのうえで、言い訳がましくならないように、「私は人見知りで、お話しするときに緊張してしまいます」と最初に宣言するといいでしょう。

　その際、「きちんとお話しできるように1日も早く慣れるようにします」「大切なことは、メモなどでお知らせするようにします」などと、自分なりに努力する姿を見せましょう。子どもに対する緊張は、一緒に楽しい時間を過ごすことで自然にほぐれますから、安心してください。

連絡帳の書き方

「歩き始めの1歳半」のおたより例

歩くことがうれしいようで、ニコニコしながら歩いています。距離も長くなり、朝、フリールームからひよこ組のお部屋までずっと歩いてきました。園庭でも、ようやく靴に慣れてきたようで、一歩ずつゆっくりと歩いていました。しかし、大きい子どもたちがまわりに集まってくると歩かなくなり、今日は泣き出してしまいました。Aちゃんは今は、自分の好きなことをのんびりやりたいのかもしれませんね

● **伝えたいことを、ぐっとしぼって**

多くの内容を詰め込むと、伝えたいことが届きにくくなります。今日伝えたいことは一つにしぼって書きましょう。

● **子どもの姿を具体的に**

「Aちゃんは今日も元気に遊んでいました」などの抽象的な表現ではなく、Aちゃんがこんなことを言った、こんな遊びを発見したなど、子どもの姿が具体的にイメージできるような文章を工夫します。

連絡帳は保護者にとって子育ての悩みを気軽に相談できるツールであり、子どもの成長の大切な記録でもあります。子育てをサポートする気持ちで丁寧に書きましょう。質問や相談が書かれていたら必ずお返事を。すぐに返答できない場合はいつまでに返事をするか書きます。

「お願い」は理由も一緒に

園にとっては当たり前でも、家庭にとっては「？」と思うようなお願いごとが多いものです。「暑くなってきたので、汗ふき用のタオルと手ふき用のタオルの2枚を来月から持たせてください」などと、理由も一緒に添えてお願いしましょう。

日誌・個人記録の書き方

個人記録文例

　Nちゃんが三輪車に乗って遊んでいたが、降りて別の場所へ移動したすきにKくんがその三輪車に乗ってしまった。バケツを持って戻ってきたNちゃんが、Kくんにとられたと思い、泣き出す。
　Nちゃんに「Nちゃんが先に乗っていたんだね。でもKくんは誰も乗っていないと思ったんだと思うよ」と、Kくん側の意図を伝えようと言葉をかけたが、納得しない様子で泣いていた。
　Kくんが飽きてすぐに降りたので三輪車はNちゃんのところに戻ってきた。今回はお互いの気持ちをやり取りすることができなかったので、次は伝え合いの機会を提供できるように援助したい。

● メモをつくる

一人ひとりの行動や生活の様子で重要だと思ったことをメモにとりましょう。できるようになったことだけでなく、子どもが葛藤を抱えた場面、援助に戸惑った場面などに注目すると成長がとらえられます。

● 環境構成の視点を入れる

乳児保育は環境が子どもに与える影響が大きいものです。「どのような環境をつくり、その結果子どもの活動にどのような影響を与えたか」という視点でも書いておきましょう。

● 保育指針に沿って

0歳児は「三つの視点」、1歳児以上であれば「五領域」を念頭に置くと書きやすくなります。「子どもの姿」と「保育者の援助」は必ずセットで書きます。これにより、次どのような援助が望ましいかという見通しがもてます。

　保育を文章にして残す行為には、2つの目的があります。
　1つは自分の保育を振り返り、課題と反省点を導くことです。これによって、よりよい保育が実践できるようになります。子どもの育ちのうえで特に重要だと思った点を、エピソードを交えながら詳しく書きます。どう解釈したのか、どのような援助をしたのかなどについても書いておきましょう。
　2つ目は、自分の保育のねらいや子どもの見方を同僚や上司と共有することです。これによりチームとして一貫した保育をすることができます。

チーム保育のポイント

● 一人ひとりの動きを、全員で把握

休憩時間を含め、役割分担をシフト表に書き込みましょう。すると、この時間は誰がどの仕事をするのか目で見てわかります。

● 1対1のケアのフォローを

着替え、排泄(はいせつ)、授乳や食事など1対1のケアに従事する保育者が出たら、残りの保育者でそのほかの子どもをフォローします。自分が同じ場面になった際には、他の保育者にフォローしてもらいます。

● いつも目配り、気配り

役割は決めますが自分の仕事ではないからと無関心でいるのではなく、常に気を配ります。手が足りなかったり、トラブルが起きたりした際には、他の保育者とも連携して即座にヘルプに入ります。

● チームワークは子どものため

保育者同士の声のかけ合いは、子どもにとっては活動の邪魔。大人同士の声かけは、トラブルや非常事態の際だけに。その代わり、アイコンタクトを使いましょう。

1クラスに複数の保育者が入る0歳児クラスでは、チームワークが肝心です。自分の仕事だけでなく、今誰がどの仕事をしているのかを把握します。クラスが全体としてスムーズに運営できているか常に配慮して、自分から積極的に動きましょう。

助けてもらったらお礼を

保育中に他の保育者に手伝ってもらったり、気をまわしてもらったりしたら、その場でももちろんですが、保育後に改めて「あのときは〜していただきありがとうございました」とお礼を言いましょう。

第 8 章
健康・安全

かみつきの対応は？

クラスに2、3人、かみつく子がいます。かみつきが出た場合、かみついた子への対応、かみつかれた子への対応は、どうすればいいですか。

🐻 かみつきを防ぐための環境を整えたいです

かみつきが出やすい子がいます。かみつかないように環境を整えたいと思うのですが、どこから手をつけていいかわかりません。

🐻 かみつかれた子がこわがりました

おもちゃの取り合いから、かみつきが起きました。かみつかれた子は、それ以来、かみついた子が近づくと、泣き出したり、保育者のかげに隠れるようになりました。かみつかれた子もかみついた子も、心配です。

🐻 かみつきのあと、それぞれの保護者への報告、緊張します

かみつきが出た場合、かみついた子、かみつかれた子、それぞれの保護者にどのように報告し、今後のことをどう相談すればいいのか悩みます。

先輩からのアドバイス

☑ かみつかれた子には心のケアを

かみつかれた子はびっくりして固まったり泣いたりするので、「痛かったね、びっくりしたね」と気持ちに共感します。傷は流水でしっかり洗い流し、跡が残っている場合は保冷剤などで冷やします。そして、「NくんはSちゃんが持っているお人形が欲しかったんだって」などと、かみついた子の気持ちを伝えます。

☑ 名前を呼んで予防

かみつきの予防に有効なのは、口を開いた瞬間に「Hくん！」などと名前を呼ぶことです。子どもははっとして動きが止まります。その後、「〜が欲しかったね」などと代弁します。

☑ 観察、そして代弁

かみつきが出やすい子は、どんな場面でかみつきが起きるのか丁寧に観察し、気持ちを言葉にしていきます。「貸して」「入れて」など言葉が言えるようになれば、おもちゃが欲しくてかみつくことはなくなります。

☑ 保護者へは謝罪と報告

加害者、被害者の保護者共に、「防ぐことができずに申し訳ありません」と謝罪します。そのうえで、どのような場面でどのような想いでかみつきが起こってしまったかを報告します。相手の子どもの名前は伝えません。

Point 子どもの思いを言葉にする

　かみつきは、自分の思いを言語化できない1〜2歳の時期に起こる本能的な行為です。かみつきが起こりやすい場面はさまざまですが、物や場所の取り合い、体調不良や疲れ、情緒の不安定などが主に考えられます。
　いずれの場合も、かみついた子にはその行為の裏にある思いを保育者がくみとり、言葉にすることが大切です。ただし、かみつくという行為は他者を傷つけるものなので、その場で「め！」と叱ります。言葉による自己表現の力がついてくれば自然になくなることを、保護者にも伝えましょう。

子どもの体調が悪いことに気づけません

先輩は子どもの体にちょっと触っただけで、熱があることに気づけるのに、私にはできず、自信がもてません。子どもの体調の変化に早く気づく方法はありますか。

ある!! ある!!

🐻 眠そうだな、と思っていたら
Aちゃん、今日はなんだか眠そうだなと思っていたら、あとで熱があることに気づきました。なぜ、早く気づいてあげられなかったのか、落ち込みます。

🐻 熱があって保護者を待っていたら
熱が出て、保護者に連絡して、待っていたら、けいれんが起きてしまいました。けいれんを目にしたのが初めてだったので、どうしていいかわからず、パニックになりました。あのときは、本当にどうしようかと思いました。

🐻 どこまで対応すべきか、わかりません
目がとろんとしている、いつもより元気がないなど、子どもの様子がおかしいとき、自分の知識でどこまで対応していいのか不安になります。

先輩からのアドバイス

☑「いつもと違う」は要注意

いつもは元気な時間帯なのに眠そう、いつもはたくさん食べるのに食べない、いつもは歩きまわるのが好きなのにごろごろしているなど、いつもと違う子どもの姿に注目します。

☑ けいれんの対処は冷静に

初めて子どものけいれんを目にするとパニックになりますが、子どもにはよくあることなので冷静に対処します。けいれんが起きたら横向きに寝かせ、衣服を緩めます。けいれんの持続時間を計り、5分以上続くようなら、すぐ救急車を呼びます。

☑ 写真付きの病気百科を

子どもの病気についての百科事典は、どの園にも備品として備えてあります。イラストではなく写真がついているほうが、発疹などの症状を見比べられるのでわかりやすいです。

☑ 発熱の基準は個々の平熱に応じて

37.5℃を基準にし、超えたら保護者にお迎えに来てもらう園が多いですが、発熱の基準は子ども一人ひとりで異なります。37℃の平熱の子が37.5℃になってもそれほど深刻ではありませんが、36℃の平熱の子が37.5℃に上がったら連絡が必要です。その子に応じた対応を心がけましょう。

Point 日ごろの様子を、よく観察する

「いつもとちょっと違う」を早く見抜くには、その子の普段の様子を丁寧に観察し、頭の中に入れていることが求められます。「ぼんやりしている」「動きが鈍い」というポイントだけ頭に入れても、その子が日ごろどれくらい活発に活動する子かによって体調不良かどうかは違ってきます。

また、子どもは元気いっぱいに遊んでいても発熱している場合もあります。抱きあげた際や、おむつ替えの際などに定期的な健康観察を心がけましょう。子どもの健康観察のポイントについては、154ページを参照してください。

おもちゃの安全面と衛生面が気になります

0歳児は気がつくとおもちゃを口に入れているので、安全面や衛生面が心配です。園にはガイドラインがありますが、これでいいのか、他の園ではどうしているのか気になります。

🐻 他の子が持っているおもちゃが気になります

他の子が持っているものが気になるようです。一度口に入れたものを別の子どもが口に入れたりしないか心配です。

🐻 おもちゃ、どんな使い方でも大丈夫？

0歳さん、まだ意味もわからず、なめたり、乱暴に扱ったりするので、おもちゃが安全なのか不安になります。

🐻 おもちゃの衛生、これでいい？

おもちゃの消毒は毎日しているのですが、なんでも口に入れてしまいます。これで本当に万全なのか不安になります。

先輩からのアドバイス

☑ 自治体からのマニュアルや研修に参加

衛生面に関しては分厚いマニュアルが配布されています。読むのは大変ですが、安心です。保育者向けの研修にも、定期的に参加しています。特に安全面に関しては、毎年新しい情報が発表されるので、情報収集に心がけています。

☑ かごを分ける

子どもが一度でも口に入れてしまった玩具は、「要消毒」のかごに入れるようにしています。空き時間に消毒します。

☑ STマークや信頼できるブランドであるかを確認

日本玩具協会のSTマークがついたおもちゃを購入しています。また、ヨーロッパなどで歴史あるおもちゃメーカーのものは信頼性があると思います。

「なんとなく」はNG

安全・衛生にかかわることは、園全体で必ず共通ルールをつくる必要があります。もしなければ、つくることを提案してみましょう。

Point　基本をおさえた統一ルールで

　おもちゃの消毒、衛生管理については、国のガイドラインをもとにしつつ、園（あるいは自治体）ごとに統一ルールをつくることが大切です。子どもが口に入れたおもちゃは他の子どもには触らせない、布などは定期的に洗って天日干し、子どもが触れる範囲は毎日、掃除をして清潔を保つなどが基本事項でしょう。

　消毒もただの水ぶきだけだったり、アルコールや次亜塩素酸ナトリウムを使ったりとさまざまですが、薬品で塗料が落ちたり、素材が溶けたりすることもあるので気をつけてください。

まだ歩けない子の避難が心配です

まだ歩けない子が多いときに地震や火災が起きたらどうしようと、心配です。保育士1人で3人連れて、逃げられるのでしょうか。

あ る!! あ る!!

🐻 本当に災害が起きたとき、大丈夫？
定期的に避難訓練はしていますが、実際に地震や台風が来たときのことを考えると、これで大丈夫なのか不安です。

🐻 想定外のことが起きたらと不安になります
不審者の侵入や火災、地震などの災害が起きたときのために、園の決まりごとがありますが、実際に災害や事件に巻き込まれたら対応できるのか、マニュアルにないことが起きたら、どうすればいいのか不安です。

🐻 避難訓練の度に、大泣きです
避難訓練の度に大泣きする子がいます。災害への対策は大切ですが、こんなに泣かせていいのか、かわいそうな気がするし、本当の災害のとき、どうなるか心配です。

先輩からのアドバイス

☑ 職員の人数分のおんぶひもを用意

0歳児クラスは歩ける子も歩けない子も、全員おんぶで避難することになっています。調理員や事務職員、園長や幼児クラスの保育者もおぶえるだけのひもを準備しています。

☑ 訓練では、マニュアル外の出来事も

園長の考えで、訓練では必ず一つ、マニュアル外のことが盛り込まれています。前回は「園長不在で周囲から孤立」という状況に対応する訓練を行いました。どのような災害に襲われるかによって避難の方法も異なるので、火事や地震だけでなく、土砂崩れや水害・津波・噴火など、地域の実情に合わせた災害を想定して訓練を行っています。

☑ 不安にしたくないから訓練を

通常とは異なる緊迫感に反応して、泣いてしまう子はいます。でも、いざというとき泣かずに避難するためにも、訓練は必要です。保育者が抱っこしたり優しく声をかけたりして、安心させるようにしています。くり返し訓練することで、子どもも慣れて泣かなくなります。

> 「マニュアル通り」はNG ❌
>
> マニュアルは防災の基本として完全に頭に入れますが、実際は想定外の事態に柔軟に対応しなければなりません。意識して備えましょう。マニュアルの過信は禁物です。

Point　おんぶか抱っこで逃げる訓練を

　0歳児クラスでは、全員おんぶか抱っこで保育者が抱えて避難するのが最も安全で確実です。走って逃げる場合も想定し、おんぶと抱っこは必ずひもを使いましょう。日ごろから使って慣れておき、装着時間をできるだけ短縮することが肝要です。大地震では地面に亀裂が走り、階段や段差ではかえって動きがとりにくくなるので、避難車やベビーカーに頼り過ぎるのは危険です。

　"1人で3人"にとらわれて不安になる必要はありません。調理員や事務職員、幼児クラスの担任もおぶってくれるはずです。

朝の健康観察、チェックポイント

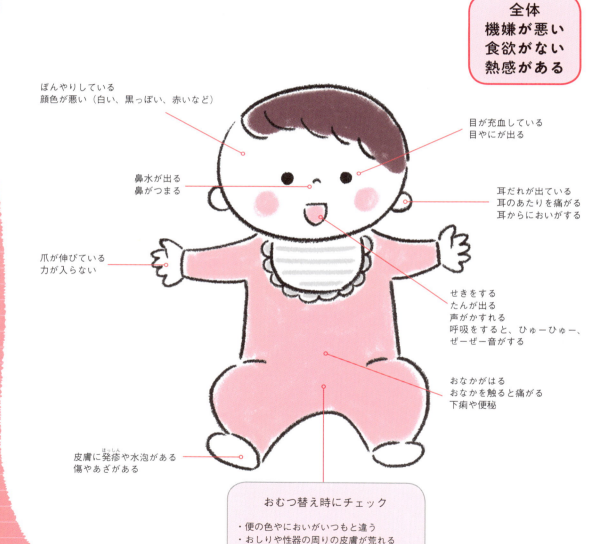

おもちゃの消毒方法

0、1歳児は口にものを入れての探索活動が盛んです。自分で衛生を保つ力も未熟です。しかし、発達のためには「汚いから」と取り上げるのではなく、おもちゃの消毒を定期的に行って、手や口を存分に使って楽しく遊べる環境を整えましょう。

ぬいぐるみ・布類

＜普段＞
定期的に洗濯
・日光消毒（週1回程度）
・汚れたら随時洗濯

＜嘔吐物などで汚れたとき＞
1. 有機物を取り除く
2. 消毒液に十分浸す
3. 水洗いをする
※汚れがひどい場合には処分する

洗えるおもちゃ

＜普段＞
定期的に流水で洗い日光消毒
・乳児がなめたりするものは毎日ふく
・乳児クラス（週1回程度）
・幼児クラス（3か月に1回程度）

＜嘔吐物などで汚れたとき＞
1. 有機物を取り除く
2. 消毒液に浸す
3. 日光消毒する

洗えないおもちゃ

＜普段＞
定期的に湯ふき、または日光消毒
・乳児がなめたりするものは毎日ふく
・乳児クラス（週1回程度）
・幼児クラス（3か月に1回程度）

＜嘔吐物などで汚れたとき＞
1. 有機物を取り除く
2. 消毒液でふく
3. 日光消毒する

消毒液のつくり方

1ℓのペットボトル1本の水に塩素濃度6％の次亜塩素酸ナトリウム消毒薬をキャップ1杯入れる。（濃度0.02％）

消毒液を使うときの注意

・濃度や消毒時間を守る。
・消毒液は使用時につくる。
・子どもを別室へ移動させる。
・マスク、手袋を使用する。
・換気を十分に行う。

※参照『保育所における感染症対策ガイドライン』（厚生労働省, 2018年改訂版）

0歳児クラスの災害対策

● 備蓄品

- ☐ 粉ミルク（スティックタイプが便利）
- ☐ 液体ミルク（お湯を準備する必要がない）
- ☐ 哺乳瓶（災害時用の使い捨て哺乳瓶も販売）
- ☐ 哺乳瓶用消毒溶液
- ☐ 瓶詰め離乳食、水
- ☐ スプーン
- ☐ マグ・コップ
- ☐ 乳児用おやつ
- ☐ 紙おむつ（サイズ別に準備）
- ☐ おしりふき
- ☐ 着替え
- ☐ 防寒着
- ☐ タオル、ガーゼ
- ☐ おもちゃ、絵本
- ☐ 毛布

※それぞれ、2～3日分をめやすに準備する。

● 持ち出し品

- ☐ 非常用飲料水
- ☐ 笛
- ☐ ミニライト
- ☐ 携帯トイレ
- ☐ 軍手
- ☐ ウェットティッシュ、ティッシュ
- ☐ タオル、バンダナ
- ☐ 園の連絡先カード
- ☐ 非常食（乾パン、氷砂糖など）
- ☐ 紙おむつ
  （ぬれないよう圧縮袋等に入れて密封）
- ☐ スティックミルク or 液体ミルク
- ☐ 大型のポリ袋
  （防寒や雨除け、担架の代用としても使える）
- ☐ ビニール袋
- ☐ アーミーナイフ
- ☐ 防災用ブランケット
- ☐ クラス名簿・緊急連絡先
- ☐ 携帯電話
- ☐ 携帯ラジオ
- ☐ 応急手当用品

　備蓄品はライフラインが断たれ、避難生活になった場合に備えて園に備蓄しておく物品です。ここでは0歳児クラスで特に必要なものだけをピックアップしました。

　持ち出し品は、緊急避難時に持ち出す物品です。防災ベストに一式を備えておきましょう。乳児担当保育者は子どもを背負ったり抱いたりして避難するので、手に荷物は持てません。保育者の人数分の防災ベストを、職員室ではなく保育室に常備しておきます。

　園には、防災マニュアルが備えてあるはずです。日ごろから目を通し、保育者一人ひとりがあらゆる場面を想定して動けるよう、意識を高めておきましょう。

0歳児クラスの災害、そのとき

◆ 0歳児クラス、どう避難する？

0歳児クラスは自力で歩けない子どもが多いので、人手が最も必要です。緊急時には、園長や調理員、フリーの保育者に0歳児クラスへ駆けつけてもらいましょう。2歳近くになれば歩行もしっかりしますが、異常事態の雰囲気で歩けなくなる子どももいます。可能な限り保育者の身体にくくりつけて避難するとよいでしょう。

◆ 必ず「おんぶひも」や「抱っこひも」を使う

歩けない子どもは、1人はおんぶ、1人は前に抱っこで必ず「おんぶひも」や「抱っこひも」を使います。装着に時間がかからないものを選びましょう。まだ首がすわらない子どもは、「横抱きタイプの抱っこひも」も必要です。

◆ いざというときは、いのちを守ることだけを考える

防災頭巾、避難時の持ち出し品、抱っこひもやおんぶひもは、もちろんあったほうがよいですが、部屋がすでに煙に巻かれていたり、津波が迫っていたりと一刻を争う場合は、いのちを守ることが最優先です。物を持ち出すことにとらわれて避難が遅れることがないよう、臨機応変な対応が望まれます。

◆ 避難訓練が、命を救う

地域によって、想定される災害はさまざまです。地震、火災はもとより、水害、土砂崩れ、火山噴火などの状況ごとに、室内、園庭、散歩時など、あらゆる場面を想定した避難訓練が必要です。保護者との緊急連絡の取り方についても、保護者の協力を得ながら実際に練習しておきましょう。

※参照『地震なんかに負けない！幼稚園・保育園・家庭防災ハンドブック』(社)土木学会編、学習研究社、2006年

０歳児クラスを担当してよかった！

あんなこと こんなこと

大変なこともあるけれど、ステキなことがいっぱい！
先輩たちが０歳児保育の魅力を語ってくれました。

子どもが全身でたよってくれるとき、かわいくってたまりません。

今日は笑ってくれた…。じっと見つめてくれた…。立ち上がった…。毎日、毎日、小さな成長が見えて、毎日、毎日、よろこびがいっぱいです。

一つひとつ丁寧にかかわっていると、いろんなことができるようになってくれます。

０歳児保育は少人数なので、子どもとゆったり、じっくりとかかわれて保育者になってよかったと思います。

朝泣いてお母さんに抱っこされてきた子どもが自分から抱きつきに来てくれたとき、思わずぎゅーって抱きしめちゃいます。

苦手なものが食べられるようになったこと。ひとりでズボンが脱げたこと。保護者と喜びを共有できること。とにかく、書ききれません！

初めて「せんせい」って言ってくれたとき、うれしかったな。

一人ひとりのクセや性格が
わかってきて、子どもと息
が合ってくると、毎日が
おもしろくて仕方ありませ
んでした。

こんなにちっちゃいのに、一人前に
いろんなことに挑戦しようとするん
ですよ。

なついてくれなかった子が近づいて
きてくれたり、笑ってくれたりすると、
とってもうれしいです。

何よりも愛着を示してくれる
とてもかわいい年齢の子ども
たち。いやされる日々です。

目に見えて子どもの成長が
わかるので、できなかったこと
ができるようになるのを見た
ときにはうれしくなります。

かわいい子どもたちの成長を
一瞬一瞬感じられることです。

一人の人間としてしっかりと自我が
あり、性格もそれぞれ。さまざまな
しぐさや表情で伝えてくれること
が、いとおしくてたまりません。

できなかったことができたとき
など保護者と一緒に成長を喜ぶ
機会も多く、やりがいを感じます。

●監修者●
横山洋子（よこやま・ようこ）
千葉経済大学短期大学部こども学科教授

富山大学大学院教育学研究科・学校教育専攻修了。国立大学附属幼稚園の教諭、公立小学校の教諭を経て、2003年より現職。日本保育学会会員。著書に『根拠がわかる！　私の保育　総点検』（中央法規出版）、『月齢別赤ちゃんのよろこぶあそび110』（チャイルド本社）、『0・1・2歳児のたのしい手作りおもちゃ』（共著、チャイルド本社）、『記入に役立つ！　0歳児の指導計画』（編著、ナツメ社）などがある。

●著者●
波多野名奈（はたの・なな）
千葉経済大学短期大学部こども学科准教授

東京大学大学院教育学研究科博士課程単位取得退学。教育学修士・保育士。都内乳幼児保育施設にて勤務の後、2014年より現職。著書に、『コンパス乳児保育』（共著、建帛社）、『0～6歳児　よくわかる子どもの発達と保育の本』（共著、池田書店）などがある。

●協力●
高階保育園（埼玉県）、ふたば保育園（千葉県）、猫実保育園（千葉県）、南船橋保育園（千葉県）、姉崎認定こども園（千葉県）、安乎保育所（兵庫県）

秋本志保美、一ノ瀬真未、石﨑菜緒、石山浩生、伊藤ほのか、井上菜々子、岸野愛梨、鈴木美桜、須藤理紗子、竹村美優、牧野早希子

先輩に学ぶ　乳児保育の困りごと解決BOOK　0歳児クラス編

2019年4月20日　発行
2021年9月1日　初版第2刷発行

監　修	横山　洋子	
著　者	波多野名奈	
発行者	荘村　明彦	
発行所	中央法規出版株式会社	
	〒110-0016　東京都台東区台東3-29-1　中央法規ビル	
	営　業　　　Tel 03(3834)5817　Fax 03(3837)8037	
	取次・書店担当　Tel 03(3834)5815　Fax 03(3837)8035	
	https://www.chuohoki.co.jp/	
企画・編集	株式会社エディポック	
印刷・製本	株式会社ルナテック	
デザイン	松崎知子	
イラスト	とみた みはる　Meriko	

定価はカバーに表示してあります。
ISBN978-4-8058-5858-5

本文のコピー、スキャン、デジタル化等の無断複製は、著作権法上での例外を除き禁じられています。また、本書を代行業者等の第三者に依頼してコピー、スキャン、デジタル化することは、たとえ個人や家庭内での利用であっても著作権法違反です。

落丁本・乱丁本はお取替えいたします。

本書の内容に関するご質問については、下記URLから「お問い合わせフォーム」にご入力いただきますようお願いいたします。
https://www.chuohoki.co.jp/contact/